GÜTERSLOHER
VERLAGSHAUS

SCHRIFTEN ZUR GLAUBENSREFORM
HERAUSGEGEBEN VON HUBERTUS HALBFAS
UND KLAUS-PETER JÖRNS

Weitere Informationen unter
www.glaubensreform.de

CHRISTOPH
QUARCH

SCHRIFTEN ZUR GLAUBENSREFORM | BAND 7

LIEBE – DER GESCHMACK DES CHRISTENTUMS

Plädoyer für eine erotische Spiritualität

GÜTERSLOHER VERLAGSHAUS

Bibliografische Information der Deutschen Nationalbibliothek
Die Deutsche Nationalbibliothek verzeichnet diese Publikation
in der Deutschen Nationalbibliografie; detaillierte bibliografische
Daten sind im Internet über https://portal.dnb.de abrufbar.

Gesellschaft für eine Glaubensreform e.V.
Waldstraße 17
82335 Berg
www.glaubensreform.de

1. Auflage
Copyright © 2015 by Gütersloher Verlagshaus, Gütersloh,
in der Verlagsgruppe Random House GmbH, München

Umschlagmotiv: Domenico Morelli (1826-1901) »Il cantico dei cantici« (Das Hohelied), © der Vorlage: akg-images/Pirozzi
Druck und Einband: Těšínská tiskárna, a.s., Český Těšín
Printed in Czech Republic
ISBN 978-3-579-08199-1

www.gtvh.de

INHALT

EINLEITUNG

»Von alters her ist der Glaube nicht jedermanns Ding gewesen, von der Religion haben immer nur Wenige etwas verstanden, wenn Millionen auf mancherlei Art mit den Umhüllungen gegaukelt haben, mit denen sie sich aus Herablassung willig umhängen ließ. Jetzt besonders ist das Leben der gebildeten Menschen fern von allem was ihr auch nur ähnlich wäre. Ich weiß dass Ihr ebenso wenig in heiliger Stille die Gottheit verehrt, als Ihr die verlassenen Tempel besucht [...]. Es ist Euch gelungen das irdische Leben so reich und vielseitig zu machen, dass Ihr der Ewigkeit nicht mehr bedürfet, und nachdem Ihr Euch selbst ein Universum geschaffen habt, seid Ihr überhoben an dasjenige zu denken, welches Euch schuf.«

Man ist versucht zu glauben, diese Sätze seien der Feder eines Zeitgenossen unseres Jahrhunderts entflossen – aber weit gefehlt. Die in ihnen ausgesprochene, reichlich ernüchternde Diagnose des spirituellen Zeitgeistes wurde bereits vor mehr als zweihundert Jahren erstellt; und zwar durch keinen Geringeren als den großen protestantischen Theologen Friedrich Daniel Ernst Schleiermacher. Man findet sie in einer noch heute lesenswerten Schrift aus dem Jahre 1799, deren Titel »Reden über die Religion an die Gebildeten unter ihren Verächtern« seither nichts an Charme verloren hat. Vor allem aber die von Schleiermacher in dieser Schrift angestellten Betrachtungen über die Religion im Allgemeinen und das Christentum im Besonderen verdienen nach wie vor unsere ungebrochene Aufmerksamkeit.

Bemerkenswert ist, dass die spirituelle Großwetterlage des Jahres 1799 ähnliche Symptome aufweist wie die der zweiten Dekade des dritten Jahrtausends: Die Menschen hatten sich von den Kirchen abgewandt. Die Säkularisierungsschübe der Aufklärung hatten ganze Arbeit geleistet. Nach dem Zusammenbruch des »Ancien Regime« interessierten sich immer weniger Menschen für die Religion. Sie gehörten zwar noch den Kirchen an, aber ihr Interesse galt nicht so sehr dem Glauben oder der Spiritualität. Stattdessen standen Politik und Wissenschaft, Ethik und Moral, Ökonomie und Handel hoch im Kurs. Und genau darin sah Schleiermacher ein Problem. Er sah die Ursache für den Bedeutungsverlust der christlichen Religion und den Niedergang der kulturellen Prägekraft der Kirchen darin, dass diese sich nicht mehr mit ihrer eigentlichen Kernaufgabe befassten. Sie hatten ihre Kernkompetenz eingebüßt und sich stattdessen Bereichen und Thematiken zugewandt, die ihnen zwar über die Jahrhunderte eine beträchtliche Machtfülle bescherten, sie aber letztlich von dem entfremdeten, was Religion ihrem Wesen nach ist. Zumindest wenn man Schleiermacher folgt. Von welchen Thematiken und Bereichen ist die Rede?

Zum einen vom Feld der Wissenschaft. Es kann für Schleiermacher nicht Aufgabe der Religion und der Kirchen sein, so etwas wie die Wahrheit über die Beschaffenheit der Welt zu ermitteln und zu vermitteln. Dem werden die meisten heutigen Zeitgenossen in der Mitte des christlich-kirchlichen Mainstreams zustimmen – aber an der Peripherie findet man noch immer reichlich Christenmenschen, die sich dafür verkämpfen, die darwinsche Evolutionstheorie zu widerlegen oder als Kreationisten dafür zu streiten, den biblischen Schöpfungsbericht als kosmologische Theorie über die Weltentstehung durchzufechten. An dieser Front hat sich seit den Tagen des guten Galileo Galilei nicht viel geändert. Aus Schleiermachers Sicht ist das nicht nur aus wissenschaftlicher Perspektive lächerlich, sondern auch aus religiöser Perspektive verhängnisvoll: Man pflügt auf fremden Äckern – und das auch noch dilettantisch. Kein Wunder, dass sich angesichts religiös begründeter Wahrheitsansprüche über die Verfasstheit der Welt die »Gebildeten unter ihren Verächtern« mit Grausen von den Kirchen abwenden.

Aber wie gesagt: Das kirchlich formatierte Mainstream-Christentum protestantischer wie katholischer Provenienz hat sich weitgehend von der Idee verabschiedet, dogmatische Wahrheiten über die Welt vertreten zu müssen. Auf wissenschaftlichem Feld mischt die Inquisition nicht mehr mit. Und das ist gut so.

Weniger gut ist, dass sich das realexistierende Kirchenchristentum keineswegs verabschiedet hat vom – so Schleiermacher – zweiten wesensfremden Spielfeld realexistierender Religion: der Moral. Das mag so manchem Gegenwartschristen zwar nicht leicht eingehen, trifft aber einen wahren Kern: Es ist nicht Sache der Religion, den Menschen zu sagen, was sie zu tun oder zu lassen haben. Die Kirche ist nicht eine moralische Erziehungsanstalt und die Religion nicht ein Programm zur Implementierung ethischer Standards. Nein, sagt Schleiermacher, es ist nicht Aufgabe der Religion,

> *»das Universum seiner Natur nach zu bestimmen und zu erklären wie die Metaphysik, sie begehrt nicht aus Kraft der Freiheit und der göttlichen Willkür des Menschen es fortzubilden und fertig zu machen wie die Moral. Ihr Wesen ist weder Denken noch Handeln ...«.*

Und dann lässt er die Katze aus dem Sack:

»… *sondern Anschauung und Gefühl. Anschauen will sie das Universum, in seinen eigenen Darstellungen und Handlungen will sie es andächtig belauschen, von seinen unmittelbaren Einflüssen will sie sich in kindlicher Passivität ergreifen und erfüllen lassen. So ist sie beiden in allem entgegengesetzt was ihr Wesen ausmacht, und in allem was ihre Wirkungen charakterisiert. […] So behauptet sie ihr eigenes Gebiet und ihren eigenen Charakter nur dadurch, daß sie aus dem der Spekulation sowohl als aus dem der Praxis gänzlich herausgeht, und indem sie sich neben beide hinstellt, wird erst das gemeinschaftliche Feld vollkommen ausgefüllt, und die menschliche Natur von dieser Seite vollendet. Sie zeigt sich Euch als das notwendige und unentbehrliche Dritte zu jenen beiden, als ihr natürliches Gegenstück, nicht geringer an Würde und Herrlichkeit, als welches von ihnen Ihr wollt. Spekulation und Praxis haben zu wollen ohne Religion, ist verwegener Übermut, es ist freche Feindschaft gegen die Götter […]. Praxis ist Kunst, Spekulation ist Wissenschaft, Religion ist Sinn und Geschmack fürs Unendliche.*«

Religion ist Sinn und Geschmack fürs Unendliche. – Das ist der Weisheit letzter Schluss. Für diese Formulierung gebührt Schleiermacher ein Ehrenplatz im Pantheon der Theologie. Gewiss kommt die Formulierung etwas philosophisch daher. Vom »Unendlichen« ist da die Rede – das ist wohl den »Gebildeten unter ihren Verächtern« geschuldet, die beim »Unendlichen« weniger zusammenzucken als beim »Göttlichen« oder »Heiligen«. Was in der Sache aber nichts tut, denn was Schleiermacher meint, ist der »Sinn und Geschmack für das Göttliche« oder der »Sinn und Geschmack für Gott«. Für Schleiermachers Pointe ist es dabei unerheblich, ob es »Göttliches« oder »Unendliches« heißt. Die Pointe ist der »Sinn und Geschmack«. Es geht in der Religion – das ist die fundamentale Einsicht Schleiermachers – nicht um kognitive Fähigkeiten, es geht nicht um wissenschaftlich gesicherte Erkenntnisse und moralische Weisungen, sondern es geht darum, den Menschen einen Sinn und einen Geschmack, ein Gefühl und ein Gespür für die Tiefendimension dieser Welt zu vermitteln. Und genau das ist es, was dem real existierenden Christentum der Gegenwart vielerorts fehlt – im kirchlichen Protestantismus nahezu flächendeckend, im zentraleuropäischen Katholizismus häufig.

Warum ist das so? Weil sich der Protestantismus und Teile des Katholizismus in Deutschland spätestens seit 1945 ganz und gar auf dem Feld der Moral, der Sozialethik und Politik niedergelassen haben. Das ist verständlich, hatte man doch während der Nazi-Diktatur fürchterlich versagt und es unterlassen, die eigene Stimme und die eigene Weltsicht gegen die NS-Ideologie in Stellung zu bringen. Solches sollte es nicht wieder geben – aber wie es dann zu gehen pflegt, wurde das Kind mit dem Bade ausgegossen. Die evangelischen Kirchen im Nachkriegsdeutschland entdeckten dankbar den moralischen Abstand der bekennenden Kirche im »Dritten Reich« und suchten eifrig, diesen Weg fortzusetzen. Den Sinn und Geschmack fürs Unendliche verlor man dabei aus dem Blick. Man wurde bekenntnistreu und sozialkritisch – moralinsauer und geschmacklos. Die ersten 50 Jahre nach Kriegsende lag man damit vielleicht nicht mal falsch. Der Resonanz im Tätervolk war groß. Es gab Menschen in Deutschland, die mit ihrem Erbe nicht anders umgehen konnten als in Gestalt einer Morallehre, die der Kirche auf den Leib geschnitten zu sein schien.

Und so richteten die Kirchen sich ein im Hause der Moral. Evangelische Kirchentage gerieten spätestens seit 1969 mehr und mehr zu politischen Kundgebungen. Die Gläubigen schwenkten als Glaubensbekenntnis lila Tücher und gefielen sich in der Rolle des Anwalts der Schwachen. Linkskatholiken segelten mit dem Wind des II. Vatikanums und schlugen in die gleiche Kerbe. Denkschriften, Sozialworte, Erklärungen hatten Hochkonjunktur. Die EKD erfand sich neu als moralische Anstalt und nationales Gewissen. Die katholische Bischofskonferenz nicht weniger, wenn auch ihr moralischer Furor eher Empfängnisverhütung, Sexualität und dergleichen im Fadenkreuz hatte und nicht so sehr den NATO-Doppelbeschluss oder die Grenzen des Wachstums. Im Konziliaren Prozess für Gerechtigkeit, Frieden und Bewahrung der Schöpfung aber konnten sich alle finden. Die Rechnung Religion = Moral ging auf; und der Geschmack fürs Unendliche den Bach herunter.

Nach wie vor ist die öffentliche Wahrnehmung der Kirchen fast durchweg durch ihren Anspruch auf moralische Autorität geprägt. Wenn die Kirchen im öffentlichen Diskurs zu Wort kommen und als Gesprächspartnerinnen ernst genommen werden, dann fast nur bei ethischen Fragen: soziale Gerechtigkeit, Gender-Gerechtigkeit (seit der Feminisierung des Protestantismus besonders beliebt), Medizin-Ethik, Sterbehilfe, Empfängnisverhütung etc. Wie selbstverständlich wurden jahrelang religiöse Amtsträger oder klar religiös profilierte Laien in den Nationalen Ethikrat berufen. Bis man denselben kaum noch vom Präsidium des ökumenischen Kirchentags unterscheiden konnte. Natürlich ist das aller Ehren wert. Und natürlich wäre es zu einfach, die Kirchen dafür zu stigmatisieren, dass sie sich zu moralischen Instanzen umformatiert haben, sind sie doch von der säkularen Gesellschaft unzweifelhaft in diese Rolle gedrängt worden. Das vielleicht aber einfach nur deshalb, weil man mit ihnen sonst nichts mehr anzufangen wusste; und weil sich sonst niemand im Lande fand und findet, der überhaupt willens und in der Lage wäre, moralische Diskurse zu führen. So gesehen darf man den Kirchen dankbar sein, dass sie der totalen Geistlosigkeit wacker zu wehren suchen.

Aber das alles sollte niemandes Augen dafür trüben, dass die Moralisierung der Kirchen entscheidend zu deren dramatischer Entfremdung von ihrem spirituellen Kern geführt hat – und dass die Kirchen sich vollends überflüssig machen werden, wenn sie nicht bald dahin zurückkehren, ihr Hauptaugenmerk auf den Sinn und Geschmack des Unendlichen zu lenken und nicht länger auf Gender-Mainstreaming und Sozialethik. Letzteres können nämlich auch andere – ersteres bald auch.

Denn es ist ja kein Zufall, dass seit den 1980er-Jahren an der Peripherie der Kirchen und des gesellschaftlichen Mainstreams eine bunte spirituelle Szene aufgeblüht ist, die mehr und mehr den Kirchen zur Konkurrenz wird. Bedrückend, dass in Kirchenleitungen und theologischen Fakultäten so gut wie niemand den Gedanken zu denken wagt, das könnte damit zu tun haben, dass man vor lauter moralischen Höhenflügen die spirituelle Bodenhaftung verloren hat. Tatsache jedenfalls ist, dass 40 Prozent der Menschen in Deutschland den Kirchen inzwischen gänzlich den Rücken gekehrt haben: 40 Prozent die mit Religion nichts mehr zu tun haben wollen, für die die Kirchen keinerlei Attraktivität geschweige denn Autorität besitzen, für die sie kein Ort sind, wo man sich irgendwie heimisch fühlen könnte, von dem man Inspiration und Wegweisung erhalten könnte – 40 Prozent. So das Ergebnis einer repräsentativen Studie der Düsseldorfer Identity-Foundation von 2006. Inzwischen dürften es noch mehr geworden sein.

Was macht der Rest? Knapp 60 Prozent der Deutschen gehören wohl noch einer Kirche an, aber höchstens ein Drittel von diesem Menschen fühlt sich in ihrer Kirche auch zu Haus. Der Rest hat sich von den Kirchen abgewandt und entwickelt höchst individuelle Formen, seinen spirituellen Bedürfnissen nachzugehen. Da finden sich Menschen, die in irgendwelche esoterischen Welten abgewandert sind, die ihre Wochenenden in Zen-Sesshins verbringen und auf die weiße Wand schauen; oder solche, die in die Wälder gehen, um mit der Schamanentrommel in der Hand die Naturgeister zu beschwören; oder die sich nach Feierabend mit anderen Gleichgesinnten treffen, um die Zukunft aus Tarotkarten zu lesen; oder auf Mallorca Hatha-Yoga üben … – die Liste ist beliebig verlängerbar. Dieser frei florierende Markt außerkirchlicher Spiritualität ist noch immer eine Boom-Branche. Wer es nicht glaubt, dem sei ein Besuch beim One Spirit Festival in Freudenstadt empfohlen.

Das ist ja auch alles gut und schön und es liegt mir fern, irgendjemanden dafür zu tadeln, sich auf solche Wege zu begeben. Nur finde ich es beklagenswert, dass in den Kirchen niemand etwas davon wissen will – oder man blickt halb spöttisch, halb ängstlich auf das bunte Völkchen der »religiös Kreativen«. Als Redakteur kirchennaher Medien und als Programmchef beim Deutschen Evangelischen Kirchentag habe ich einige Anstrengungen unternommen, die kirchliche Wahrnehmung für den »Megatrend Spiritualität« (Paul Zulehner) zu sensibilisieren – aber ohne Erfolg. Noch immer bin ich schockiert, wie wenig Aufmerksamkeit Kirchenleitungen und Theologen auf den spirituellen Klimawandel richten, der in unseren Breiten im vollen Schwange ist: Wie viel Ignoranz gegenüber einem echten, begründeten und oft auch gesunden spirituellen Hunger! Wie viel Selbstgefälligkeit – vor allem in der evangelischen Kirche, die es in ihrem großanlegten Zukunftspapier »Kirche der Freiheit« nicht für nötig hielt, das Wort »Spiritualität« auch nur zu erwähnen!

Und dabei gäbe es so viel zu tun! Zwar schrumpft die Kernzielgruppe, aber sie ist immer noch groß: die Gruppe der Kirchensteuerzahler, die durchaus religionsaffin und offen für spirituelle Innovation ist, wenn sie auch in der Kirche und sonntags im Gottesdienst keine Bleibe findet. Hier schlummert noch immer ein großes Potenzial für die Kirchen, andererseits aber muss es ihnen ein Alarmsignal sein, dass es so gar nicht gelingen will, diese sinnhungrigen Menschen nachhaltig an sich zu binden.

Und selbst die zehn Prozent der deutschen Bevölkerung, die dem engeren Kernbereich der Kirche zugerechnet werden können, sind oft nicht wirklich zufrieden und glücklich mit dem, was sie an Spiritualität in ihren Gemeinden geboten bekommen. Manche wenden sich anderen, konfessionsfremden oder unkonventionellen Spiritualitätsformen zu, von denen sie sich mehr Sinn und Geschmack für das Heilige und Unendliche versprechen. So lässt sich vermelden, dass sich gestandene Lutheraner in katholische Klöster flüchten, um in Exerzitien oder »Retreats«, wie das auf Neudeutsch heißt, aufzutanken. Andere wenden sich der Mystik Meister Eckards zu, üben das Herzensgebet oder pilgern nach Santiago de Compostela: alles Formen einer praxis pietatis, die erfahrungsbezogen und sinnlich ist; bei der es darum geht, mit Leib und Seele Erfahrungen zu machen, Sinn und Geschmack für das Göttliche, für Gott, für das Unendliche auszubilden – und wo man weit davon entfernt ist, moralische oder kognitive Ansprache zu erhalten. Auch das Kirchenvolk stimmt mit den Füßen ab.

Und jene ehrenwerten und wahrhaft treuen Christenmenschen, die sich sonntags dann doch in den Gottesdiensten einfinden, scheinen auch nicht unbedingt Garanten eines baldigen Trendwechsels zu sein, sind sie doch mehrheitlich jenseits der sechzig.

So weit so gut – oder auch so schlecht: Meine These jedenfalls ist die, dass die Kirchen heute an Mitgliedern, Attraktivität und gesellschaftlicher Prägekraft verlieren, weil es ihnen nicht mehr gelingt, den Sinn und Geschmack für das Unendliche oder Göttliche auf eine zeitgemäße Weise anzusprechen. Vielleicht gelingt es noch bei einigen Frauen, bei Männern aber so gut wie gar nicht mehr. Für sie gibt es, wie Richard Rohr einmal treffend gesagt hat, überhaupt nichts, was ihren spirituellen Hunger in Richtung Kirchen lenken könnte. Nein, die Sehnsucht nach erfüllter Lebendigkeit und geistiger Nahrung werden von den Kirchen nicht mehr ausreichend gestillt.

Und ich glaube: Das ist nicht gut. Es ist nicht gut, weil die Kirchen so ihrer Verantwortung für die Bewahrung jenes unermesslichen geistigen Reichtums einer zweitausend Jahre alten Kultur spotten. Es ist nicht gut, weil sie so mit Schuld daran tragen, dass immer mehr Menschen willig ihr Menschseins opfern und sich mit der schattenhaften Existenz eines uniformen Verbrauchers oder Konsumenten zufriedengeben.

Es ist nicht gut, weil sie so zur Verflachung unserer Kultur beitragen und die Menschen den Klauen des Ökonomismus ausliefern, der ihre echten spirituellen Bedürfnisse mit falschen und flachen Oberflächensurrogaten abspeist, die letztlich satt machen, wohl aber in die Abhängigkeit treiben. Um dem dämonischen Ungeist der Verflachung etwas entgegenzusetzen bräuchte es eigentlich der Kirchen – aber nicht ihrer moralinsauren Predigten, sondern ihres lebendigen Geistes; der aber nicht weht, weil man ihn nicht wehen lässt; oder wenigstens doch viel zu selten wehen lässt, weil ihnen – vielleicht nicht überall, aber doch in der Breite – der Sinn und Geschmack fürs Unendliche abhandengekommen ist.

Was aber soll das genau sein: Sinn und Geschmack für das Unendliche? Ist das nicht eine reichlich abstrakte – oder schlimmer noch: philosophische – Veranstaltung, die mit der konkreten Praxis der Religion nichts zu tun hat. Denn wir reden hier ja nicht über Religion im Allgemeinen, die irgendein Unendliches schmeckt oder irgendeinen Sinn dafür entwickelt, sondern wir reden hier von unserer christlichen Tradition, von unseren christlichen Kirchen, sodass man die Frage dahingehend umformulieren müsste: »Welchen Geschmack hat eigentlich die christliche Religion?« oder »Wie lässt sich jene spezifische Zugangsweise ans Unendliche, Heilige, Göttliche, an Gott, zur Sprache bringen, die für die christliche Religion charakteristisch ist?«

LIEBE – DER GESCHMACK DES CHRISTENTUMS

Über Religion sollte man nicht abstrakt reden. Und über den Geschmack fürs Unendliche schon gar nicht. Letztlich sind es immer konkrete Menschen, die religiös sind – letztlich sind es immer ihre konkreten Erfahrungen, in denen sich so etwas wie der Sinn fürs Unendliche bekundet. Und bestenfalls sind es vielfältige konkrete Erfahrungen, aus denen sich, wenn man sie zusammennimmt, eine Theorie über den spezifischen, authentischen und originären Geschmack des Christentums herleiten lässt.

So auch in meinem Falle. Wenn ich mich erkühne, über den Sinn und Geschmack des Christentums fürs Unendliche zu räsonieren, dann nur deshalb, weil mir dieser Geschmack zuweilen auf der Zunge lag. Und auch das wäre kein hinreichender Grund für die Behauptung, dieser Geschmack habe etwas mit der Kernessenz der christlichen Religion zu tun, ließe er sich nicht reibungslos an dasjenige rückbinden, was wir aus dem Zeugnis der biblischen Überlieferung über den eigentlichen Sinn unserer Religion in Erfahrung bringen können. Lassen Sie mich daher mit einem persönlichen Zeugnis beginnen – nicht mit einem Bekenntnis (Bekenntnisse tragen nichts für den Sinn und Geschmack des Heiligen aus), sondern mit einer Erzählung.

Ich war vielleicht zehn Jahre alt, als meine Eltern mich erstmals zur Osternachtsfeier mitnahmen. Wir waren in Berlin, denn Vater und Mutter gehörten einer evangelischen Gemeinschaft an, die sich Gabriels-Gilde nannte und die sich für eine Wiederbelebung oder auch Wahrung des Liturgischen in der evangelischen Spiritualität einsetzte. Den Gründer, einen gewissen Eugen Weschke, kannte ich nur aus den Erzählungen der Altvorderen, doch pflegten seine Epigonen getreulich dessen Erbe. Und dazu gehörte neben dem Halten der Tagzeitengebete und einer meditativen Praxis eben auch die hochliturgische Feier der Osternacht. Für mich als zehnjährigen Knaben war das ein Ereignis. Überhaupt so lange aufbleiben zu dürfen. Dann in die stockfinstere Kirche einzutreten, das Klopfen an die Pforte, das Hereintragen des Kerzenlichtes, das Weiterreichen der Flamme durch die Bänke, der jubelnde Gesang: »Christ ist erstanden!« Irgendeine Seite in mir wurde damals angerührt. Ich verstand nicht, was es war und ich hatte auch keine Worte dafür. Aber es war die Ahnung eines Geheimnisses, der Anflug eines Geschmacks, der mich fortan nicht mehr verließ – der eine Sehnsucht in meiner Brust hinterließ, die mein jugendliches Herz nicht mehr losließ. Es war die Verheißung von etwas, das größer war als ich. Es war ein Sinn für Unendlichkeit.

Vor allem aber war es eine Spur, die mich vielleicht acht Jahre später nach Taizé reisen ließ. Taizé, das kleine Dorf im Burgund, Sitz der weithin bekannten ökumenischen Kommunität, die Roger Schutz am Ende des Zweiten Weltkriegs gegründet hatten. Dort versammelte sich Anfang der 1980er-Jahre die spirituell bewegte Jugend Europas. Diejenigen aus der Kirchengemeinde, die da gewesen waren, kehrten mit leuchtenden Augen und verklärtem Blick zurück. Dort wollte ich hin. Und dort fuhr ich hin.

Dort geschah es – in der kleinen romanischen Dorfkirche. Ein paar Kerzen brannten, ich hockte in guter Taizé-Manier auf dem kalten Steinboden. Ein paar Stimmen sangen leise ihr »Ubi caritas et amor, deus ibi est«, da öffnete sich ohne mein Zutun, ungewollt und ungemacht, in meiner Brust ein Tor, durch das ein feuriger Strom grenzenloser Energie floss. Mir war als flösse die ganze Welt durch mich hindurch und als flösse ich mit diesem Strom hinaus in die Welt. Mir war, als könne ich die ganze Welt umarmen. Ich wusste mich aufgehoben in ihr, getragen von ihr, hingerissen von ihr und hingerissen zu ihr. Und mein Herz entbrannte in Liebe. Da wusste ich, dass das es war, wovon wir gerade noch gesungen hatten: *Caritas et amor*. Der Sinn für das Unendliche war entflammt. Der Geschmack des Unendlichen lag auf meinem Lippen. Und es schmeckte nach Liebe.

Für mich war das nicht leicht, denn mit meiner pubertierenden Seele wusste ich nicht, wohin mit jener mir so unerwartet zugeflossenen Liebe. Ich trug sie den Mädchen zu, die jedoch rasch merkten, dass sie nicht zu ihnen passte. Ich wollte Taizé nach Hause tragen und stieß bei meinen hilflosen Versuchen, die heimische Kirchengemeinde mit dem in mir lodernden Feuer zu entfachen, auf kalte Ablehnung. Ein paar gleichgesinnte Jugendliche fanden sich zuletzt doch, und wir trafen uns treulich einmal die Woche zum Beten und Schweigen à la Taizé in einer nicht beheizbaren Kapelle am Rande des Stadtparks. Schließlich studierte ich Theologie. Da aber ging es mir nicht anders als Hölderlins Hyperion: »Die Wissenschaft, der ich in den Schacht hinunter folgte, von der ich, jugendlich töricht, die Bestätigung meiner reinen Freude erwartete, die hat mir alles verdorben.«

Nun, so ganz stimmt es nicht, denn immerhin dämmerte mir damals, dass ich entgegen den ablehnenden Haltungen der Menschen meiner Ortsgemeinde mit meinem jugendlichen Pathos nicht ganz falsch war. Allerdings war es nicht ein Theologe alter Schule, der mir Trost zusprach, sondern ein alter Dichter, den ich nur aus der Schule kannte: Lessing. Bei ihm fand ich dann doch die Bestätigung meiner reinen Freude; und zwar in seinem reizenden Stück *Testamentum Johannis*, wo er erzählt, der Lieblingsjünger Jesu, Johannes, habe sein Apostelamt zum Ende seines Lebens hin immer mehr auf das Wesentliche konzentriert. Seine Predigt, sagt Lessing, »kam immer ganz aus dem Herzen. Denn sie war immer einfältig und kurz; und wurde immer von Tag zu Tag einfältiger und kürzer, bis er sie endlich gar auf die Worte einzog -- […] *Kinderchen, liebt euch!*« Und darauf angesprochen, ob er nichts anderes mehr zu sagen wisse, habe Johannes nur erklärt: »… weil das allein, das allein, wenn es geschieht, genug, hinlänglich genug ist.«

So hatte ich es als Knabe in Berlin geahnt und als Jüngling in Taizé gefühlt. Nun begann ich daran zu glauben: Daran zu glauben, dass die Liebe und nichts als die Liebe der spezifische und unverwechselbare Geschmack der christlichen Religion ist. Und dass Christsein bei Lichte besehen nichts anderes bedeutet, als lieben. In den Vorlesungen an der evangelisch-theologischen Fakultät in Heidelberg hörte ich davon freilich nicht so viel. In zahlreichen sonntäglichen Gottesdiensten auch nicht. So dauerte es wieder einige Jahre, bis ich Lessings Einsicht bei einem Denker wiederfand, bei dem ich wohl am wenigsten damit gerechnet hatte: Josef Ratzinger, alias Papst Benedikt XVI. Kaum dass sein Pontifikat begonnen hatte, erschien seine erste Enzyklika. Ihr Name klang wie jenes stille Lied in Taizé: »Deus Caritas est«. Sie erschien am Weihnachtstag des Jahres 2005. Dort las ich gemeinsam mit der Weltkirche:

> »›Gott ist die Liebe, und wer in der Liebe bleibt, bleibt in Gott, und Gott bleibt in ihm‹ (1 Joh 4, 16). In diesen Worten aus dem Ersten Johannesbrief ist die Mitte des christlichen Glaubens, das christliche Gottesbild und auch das daraus folgende Bild des Menschen und seines Weges in einzigartiger Klarheit ausgesprochen.«

Da war es wieder: das »Kinderchen, liebt euch!« Lessings und der mit ihm einhergehenden Geschmack der Taizé-Erfahrung. Und mich freute, dass auch der Papst das so sah; gerade dieser Papst! Mich enttäuschte hingegen, wie wenig ich in seiner Kirche von dem in der Enzyklika beschworenen Geist der Liebe spürte. Statt Amor schien dort eine pervertierte Sexualität zu wüten. Und meine evangelische Kirche nahm das Papier achselzuckend zur Kenntnis und versteifte sich darauf, ihr protestantisches Profil zu profilieren.

Dabei hatte Benedikt doch weise und gut begründete Worte gesprochen. Er hatte Recht, wie schon Lessing Recht hatte. Und das Recht, das beide Fürsprecher der Liebe als Zentrum und Mitte des Christentums hatten, gab ihm nichts anderes als das Evangelium selbst. Denn seien wir ehrlich: Ein unbefangener Blick in die Schriften des Neuen Testaments lehrt unzweifelhaft, dass die Liebe und nichts als die Liebe das Herz und die Mitte des Christentums bildet – dass sie allein es ist, die den eigentümlichen Sinn und Geschmack dieser Religion bestimmt.

Sie zweifeln? Nun, dann lassen Sie mich Ihnen vier Textstellen in Erinnerung rufen, die diese These stützen. Es handelt sich dabei durchweg um Spitzensätze der Heiligen Schrift – markante Stücke, die wie Berggipfel aus der Landschaft der Texte hervorragen. Ich habe sie deswegen ausgesucht, weil sie den vier zentralen Bereichen des Lebens und Wirkens der christlichen Kirchen und ihrer Angehörigen gelten: der Ethik, der Ekklesiologie – also der Kirche, der Spiritualität und der Dogmatik, genauer: der Gotteslehre.

Beginnen wir mit der christlichen Ethik. Beginnen wir mit der Essenz und Mitte der Verkündigung Jesu; beginnen wir mit Jesu Antwort auf die Frage, worum es denn seiner Ansicht nach eigentlich gehe im religiösen – und nicht nur religiösen – Leben eines Juden; was denn das wichtigste Gebot sei, das der Mensch zu beachten habe. Und was sagt der Meister? Er spricht von der Liebe:

»Du sollst den Herrn, deinen Gott, lieben mit ganzem Herzen, mit ganzer Seele und mit all deinen Gedanken. Das ist das wichtigste und erste Gebot. Ebenso wichtig ist das zweite: Du sollst deinen Nächsten lieben wie dich selbst. An diesen beiden Geboten hängt das ganze Gesetz samt den Propheten.« (Mt 22,34-40)

Klarer kann man es eigentlich nicht haben. Die ganze jüdische Überlieferung, so lehrt der Rabbi, lässt sich zusammenschmelzen auf den einen Imperativ: »Liebe! Liebe! Liebe!« – Liebe in drei Richtungen: zu Gott, zum Nächsten, zu sich selbst. Sein in der Liebe, das ist es, worum es Jesus geht. Oder mehr noch: Liebe sein. Das ist es, was an ihm sichtbar wird. Das ist, was die Essenz der Nachfolge Jesu ausmacht. Das gibt der christlichen praxis pietatis ihren eigenen und unverwechselbaren

Geschmack: Sein in der Liebe – *to be in love*; und sich dort, in der Liebe, finden und einfinden bei Gott, beim Nächsten, bei sich.

Den gleichen Geist atmet eine Passage aus dem Johannes-Evangelium. Sie ist den sogenannten Abschiedsreden Jesu entnommen, mit denen der Meister sich im Garten Getsemani von seinen Jüngern verabschiedet. Und siehe da: Er spricht erneut von der Liebe:

> *»Ein neues Gebot gebe ich euch: Liebt einander! Wie ich euch geliebt habe, so sollt auch ihr einander lieben. Daran werden alle erkennen, dass ihr meine Jünger seid: wenn ihr einander liebt.« (Joh 13,31-35)*

Es ist unmissverständlich: Ganz im Sinne Lessings erklärt Jesus von Nazareth hier die Liebe zum Alleinstellungsmerkmal seiner Anhängerschaft. Da braucht es kein protestantisches Profil und keine katholischen Werte, um als Nachfolger Jesu in der Welt erkennbar zu sein, nein: Da braucht es kein Branding, da braucht es nur eines – die Liebe. An ihr sind Christen erkennbar. Sie ist es, die die Kirche gründet. Sie ist es, die die Verbundenheit zwischen denen, die sich da zu einer Gemeinschaft verbinden trägt und prägt. Ist die Liebe weg, ist auch die Kirche weg. Dann bleibt eine leere Kultgemeinschaft, oder eine Interessengemeinschaft, oder eine Gemeinschaft der Kirchensteuerzahler, oder eine moralische Gesinnungsgemeinschaft – das also, was man heute im real existierenden Christentum antrifft: im Protestantismus oft, im Katholizismus zu oft.

Warum? Weil oft das vom Apostel Paulus aufgestellte Ranking der spirituellen Werte durcheinander geraten ist. Und das, obwohl doch wohl alle die Worte schon mal vernommen haben, die der große Prediger im 1. Brief an die Korinther niederschrieb und damit der christlichen Spiritualität eigentlich den Weg gewiesen hat. Wie heißt es doch, im 13. Kapitel:

»Wenn ich in den Sprachen der Menschen und Engel redete, / hätte aber die Liebe nicht, / wäre ich dröhnendes Erz oder eine lärmende Pauke.

Und wenn ich prophetisch reden könnte / und alle Geheimnisse wüsste / und alle Erkenntnis hätte; / wenn ich alle Glaubenskraft besäße / und Berge damit versetzen könnte, / hätte aber die Liebe nicht, / wäre ich nichts. [...]

Für jetzt bleiben Glaube, Hoffnung, Liebe, diese drei; / doch am größten unter ihnen ist die Liebe.« (1 Kor 13,1.2.13)

Die Liebe – am größten. Das müssen Sie sich auf der Zunge zergehen lassen. Die Liebe ist größer als der Glaube. Sie ist wichtiger als jedes Bekenntnis. Von wegen: Sola fide! Solus Amor, so wird ein Schuh draus! Nicht das Bekenntnis macht den Christen zum Christen. Bekennende Kirche hin oder her. Da, wo es gilt, da wo es zählt, da wo es ums Eingemachte geht: Da ist die Liebe. Es ist egal, ob Sie sich zu einer Kirche bekennen und es ist vollkommen egal, zu welcher Kirche Sie sich bekennen – für Ihr Christsein ist das irrelevant. Aber ob Sie in der Liebe sind – daran entscheidet sich Ihre Zugehörigkeit. Daran zeigt sich, wer Sie sind. Daran zeigt sich, ob Sie den Sinn und Geschmack haben, der Sie als Nachfolger Jesu ausweist. Und nur von da aus lässt sich überhaupt so etwas wie Glaube und Bekenntnis begründen. Nur von da aus wächst Hoffnung. Ohne Liebe sind Glaube und Hoffnung flache Ideologie. Sind sie aber im Herzen des Liebenden verwurzelt und von einer Spiritualität der Liebe genährt, dann sind sie echt – echt christlich, echt verwurzelt, echte Religion – *re-ligio* – Rückbindung an Gott.

Womit wir bei der Dogmatik, genauer bei der Gotteslehre wären. Wer ist denn der Gott, zu dem Jesus »Vater« sagte? Wer ist denn der Gott, dessen »Kinder« wir nach seinen Worten sind? Ist es der Herr der Heerscharen? Ist es der, dessen Zorn die Widersacher Israels vernichtet? – Vielleicht. Vor allem aber ist es der, von dem der Autor des 1. Johannesbriefes sprach, als er jenen Satz notierte, der nach dem Wort von Benedikt XVI. die Mitte des christlichen Glaubens ausspricht:

»Liebe Brüder, wir wollen einander lieben; denn die Liebe ist aus Gott und jeder, der liebt, stammt von Gott und erkennt Gott. Wer nicht liebt, hat Gott nicht erkannt; denn Gott ist die Liebe. [...] Gott ist die Liebe, und wer in der Liebe bleibt, bleibt in Gott und Gott bleibt in ihm.« (1 Joh 4,3; 4,16)

Soweit die Zeugnisse der Schrift. Und sagen Sie selbst: Kann man da noch zweifeln? Kann man daran zweifeln, dass die Liebe die Mitte und der Kern des Christentum ist – dass sie das Herz des Christentums und jedes Christenmenschen füllen sollte; und dass da, wo das Herz der Christen nicht mehr voll der Liebe ist, dem bestehenden Christentum eine Herzkrankheit diagnostiziert werden muss; und dass das bedauerlich ist, weil auf diese Weise dasjenige verloren geht, was das Leben der Kirche trägt und das Leben des Menschen erfüllt: der Sinn und Geschmack fürs Unendliche – die Rückbindung an das, was dem Leben Sinn und Freude schenkt?

Ich glaube: Man kann das alles nicht bezweifeln. Wohl aber kann man festhalten: Der Geschmack des Christentums ist die Liebe. Und wenn es heute in den Kirchen eine Aufgabe gibt, die den Schweiß der Tapferen wirklich wert ist, dann kann es nur diese eine sein: den Geschmack der Liebe neu zu wecken, Räume zu schaffen, in denen die Liebe leben und sich entfalten kann.

Bevor wir darauf zu sprechen kommen, wie das bewerkstelligt werden kann, müssen wir aber noch einer anderen Frage nachgehen: Wovon reden wir hier eigentlich, wenn wir von der Liebe reden?

Es scheint auf den ersten Blick, als seien die Kirchen voll von Liebe. Hilfswerke, Diakonie, Caritas, Brot für die Welt, Misereor, Missio, Klöster, Diakonissen … – Bataillone von Liebenden, die tagein, tagaus den Bedürftigen und Notleidenden der Welt ihre Zuwendung schenken. Wie kann man da behaupten, der Kirche und den Christen sei die Liebe abhandengekommen? Aber: All diese Institutionen der guten Werke und ihr Handeln gründen nicht zwangsläufig in der Liebe. In Wahrheit – in trauriger Wahrheit – ist es gar zu oft Moral und nicht Liebe, was hier zu Werke geht: der Wille gut zu sein und nicht die pulsierende Liebe; das wollende Ich und nicht das liebende Herz.

Es ist so leicht und so verführerisch, die Liebe mit dem Willen zur Liebe zu verwechseln. Und wie verhängnisvoll diese Verwechselung sein kann, weiß jeder, der einmal eine Partnerschaft kennenlernte, die nicht von Liebe, sondern allein vom Willen zur Liebe getragen ist. Da fehlt etwas. Und dieses etwas, das da fehlt, ist das Entscheidende – das Kraftzentrum, die Energiequelle, das Herz.

Wenn wir nach dem Sinn und Geschmack des Christentums fragen und feststellen, dass als Antwort auf diese Frage allein die Liebe in Betracht kommt, dann müssen wir uns davor hüten, den faden Geschmack der Moral mit der Würze der Liebe zu verwechseln. So wie es sich leider in der Geschichte unserer Religion eingeschliffen hat: Was landläufig in ihr als Liebe gilt, ist nämlich in Wahrheit keine Liebe – oder, um es nicht ganz so hart zu sagen – es ist nur ein Schattenbild, ein Nachgeschmack von dem, was wirklich Liebe ist; von dem, was Jesus höchstwahrscheinlich meinte, als er von Liebe sprach. Und was ganz anders schmeckt als jenes klare, aber fade Süppchen der frömmelnden Nächstenliebe.

Kurz: Wir müssen über die Liebe reden. Wir müssen herausfinden, wovon das Neue Testament an jenen oben zitierten Spitzensätzen wirklich spricht. Wir müssen das, weil wir nur so herausfinden können, was den eigentümlichen und unverwechselbaren Sinn und Geschmack des Christentums auszeichnet. Die Fragen, vor denen wir stehen, lauten also: Was ist die christliche Liebe? Was ist die echte christliche Liebe und was ist ihr Schattenbild? Und wie konnte es geschehen, dass die echte christliche Liebe mit ihrem faden Schattenbild verwechselt wurde.

Dazu nun meine These: Die Liebe, von der Jesus spricht und die den eigentümlichen Geschmack der von ihm gegründeten Religion ausmacht, ist das, was die Griechen *Eros* nannten: eine erotische Leidenschaft, eine sehnsuchtsvolle, eine lebenshungrige und lebendigkeitszeugende Liebe. Die Liebe aber, die das realexistierende Christentum der Gegenwart mit all ihren Einrichtungen und Werken für sich reklamiert, ist das, was die Lateiner *Caritas* nannten: eine moralische Einstellung und Praxis. Und in dem Maße, indem sich in der christlichen Theologie und Spiritualität die Meinung durchsetzte, Liebe sei nicht mehr als *Caritas*, hat sich der ursprüngliche Sinn des Wortes verdunkelt.

Ausgerechnet dort, wo das Herz der christlichen Religion schlägt, wo ihre Kraftquelle und ihre Identität gründen – ausgerechnet in diesem Quellbereich christlichen Lebens, haben dramatische Fehldeutungen oder Verkürzungen das Lebenselixier – die Liebe – vergiftet. Das wichtigste Konzept christlicher Spiritualität und Frömmigkeit bleibt bedrohlich unterbestimmt.

Um das Christentum zu revitalisieren – ja, zu heilen –, braucht es heute, fünfhundert Jahre nach der Reformation Luthers, eine neue Reformation: eine Reformation oder auch Rennovation oder auch Renaissance des ursprünglichen Verständnisses von Liebe: Es ist an der Zeit, das Christentum zu de-moralisieren und zu re-erotisieren, um so den ihm eigenen Geschmack und Sinn für das Unendliche zurückzugewinnen.

EROS – DER SINN FÜR DAS UNENDLICHE

Mitten im Zweiten Weltkrieg, im Jahre 1941, erschien ein für unser Thema bemerkenswertes Buch des Religionswissenschaftlers Walter Schubart. Der Titel: »Religion und Eros«. Die Kernthese:

»Wo Eros und Religion sich trennen, wird er gemein und sie erkaltet.«

Dieser Satz ist spektakulär, liefert er doch in zwölf Worten eine messerscharfe Diagnose der geistigen Situation sowohl des realexistierenden Christentums als auch der säkularen (Un-)Kultur der Gegenwart: Tatsächlich ist Eros *gemein* geworden: billig, trivial, flach. Denken Sie nur an die armseligen Schauplätze, die ihn heute noch im Namen führen: Eros-Centren, Erotik-Boutiquen, Erotik-Magazine etc. Eros scheint mit Beate Uhse vermählt, nicht aber als Sohn der Göttin Aphrodite. Der »mächtigste Gott«, als den die alten Griechen ihren Eros ehrten, ist zu einem lumpigen Gesellen mutiert, der in Bordellen herumlungert und dessen lausig-verstohlene Geschäfte Pornographie und Prostitution heißen. So weit ist er heruntergekommen, weil er von der Religion getrennt wurde, weil er aus der Religion verbannt wurde, weil er von der Religion verachtet und verschmäht wurde. Von welcher Religion? Von der des Christentums. Sie war es, die den Eros schmähte und entspiritualisierte. Sie muss sich den Vorwurf gefallen lassen, Eros aufgegeben zu haben, so dass er gemein werden musste. Nietzsche wäre hier zu zitieren:

»Das Christentum gab dem Eros Gift zu trinken. Er starb zwar nicht daran, aber entartete – zum Laster.« (Nietzsche, Jenseits von Gut und Böse, Aph. 168)

Was hat das Christentum davon? Nicht viel. Nach knapp zweitausend Jahren ist es daran erkaltet, dass es den Eros *ent-spiritualisierte* und sich selbst *ent-erotisierte*. Belege dafür brauche ich, so scheint mir, nicht mehr ins Feld zu führen. Davon war oben schon genug die Rede. Das re-alexistierende Christentum droht zu erkalten – es ist blutarm geworden, wärmt nur wenige Herzen, kommt fahl und bleich daher; am fahlsten und bleichsten im schwarzen Talar: dem Trauergewand der Priester, die einer Frömmigkeitskultur Dienst leisten, die ihre Lebendigkeit und Vitalität eingebüßt hat.

Wie konnte das geschehen?

Diese Frage ist wichtig. Wir müssen sie beantworten, wenn wir nach Wegen Ausschau halten wollen, auf denen wir die Getrennten wieder einander näherbringen können, auf denen wir die Fusion von Eros und Religion befördern können, ohne die es für das Christentum keine Zukunft geben wird; und für die säkulare Welt übrigens auch nicht, da ein gemeiner Eros auch hier alle Schönheit und Vitalität, alle Zeugungsfreude und Lebendigkeit raubt – so dass der kalte, graue *Homo Oeconomicus* – jener ausgemachte, flügellose Anti-Eros – sein finsteres und liebloses Reich der technokratischen Rationalität auf Erden errichten konnte, so dass sich Novalis treffliches Wort an jedem Tag aufs Neue als wahr erweist: Wo keine Götter sind (zu denen Eros zählt), da walten Gespenster.

Nein, um diesem Spuk ein Ende zu bereiten und den todbringenden Ökonomismus durch ein lebendiges Christentum zu beseitigen, gibt es nur eines: Die Liaison von Eros und Religion unter seinem Dach. Und das – das ist die wahrhaft gute Nachricht – ist möglich; es ist nicht nur möglich, sondern es ist eigentlich unausweichlich, weil nur so der Geist des Christentums zum Wehen kommt und Jesu Lehre Wirklichkeit wird.

Fragen wir also: Was ist passiert? Wieso haben sich Eros und Religion getrennt? Und warum stimmt eigentlich die Behauptung, dass sie ursprünglich vereint waren?

Eines habe ich schon erwähnt: In der frühen Kirche kam es zu einer unheilvollen theologischen Entscheidung. Ent-scheidung wörtlich zu verstehen: Die Liebe – das Herz des Christentums –, dieses fundamental wichtige Phänomen des Lebens, wurde in sich geschieden und in zwei Hälften unterteilt. Auf der einen Seite erhielt man so dasjenige, was man die »himmlische Liebe« nannte und der man den lateinischen Namen *Caritas* gab; die solidarische, barmherzige und fürsorgliche Nächstenliebe – die Liebe, für und zu der man sich willentlich entscheiden kann. Denn zweifellos: Sie können sich vornehmen, von dem Augenblick, da Sie dieses hier lesen, Ihrem Nächsten in Solidarität, Barmherzigkeit und Fürsorglichkeit zu dienen. Und daran ist nichts falsch. Daran gibt es gar nichts auszusetzen. Nur ist es keine Liebe, sondern Willen – Wollen – Wohlwollen.

Und weil sie Wollen ist, lässt sich die Caritas in Dienst nehmen. Dann wird sie zur Um-zu-Liebe, für die man sich entscheidet, um etwas zu erreichen: ein guter Mensch zu sein, zum Beispiel; oder sein Auskommen zu verdienen, ebenfalls zum Beispiel. Auch daran gibt es nichts auszusetzen. Nur ist es keine Liebe, sondern Wohlwollen.

Was kam durch die verhängnisvolle Entscheidung der alten Theologie auf der anderen Seite zu stehen? Dasjenige, was man *Eros* nennt, die erotische Liebe, die sinnliche Liebe, die leidenschaftliche Liebe – die Liebe, die den Menschen mit Haut und Haar ergreift, die seinen Körper rüttelt und die ihn zur Sexualität treibt. Es ist die Liebe, die wir kennenlernten, als wir uns verliebten. Sie ist ein Hingerissensein, ein Ergriffensein, ein Widerfahrnis – ein *pathos* – etwas, das gerade nicht in der Macht unseres Willens steht, sondern das uns geschenkt wird, das uns zufließt, zuteil wird, sofern wir uns ihm anheimgeben und ausliefern. Sie wissen das genau: Verliebtsein können Sie nicht machen. Sie können Eros nicht herbeizwingen. Sie können sich ihm aussetzen und darauf hoffen, dass er sie trifft – dass es sich trifft. Doch ob das je geschieht, entzieht sich Ihrem Willen.

Es war der große Augustinus, der diese Scheidung sanktionierte. War er es doch, der lapidar erklärte, die Liebe sei ausschließlich eine Sache unseres Willens.

»Es kommt allein auf die Beschaffenheit des Willens im Menschen an. Ist der Wille verkehrt, so werden auch die Regungen in ihm verkehrt sein; ist er dagegen gerade [auf das göttliche Gebot, CQ] gerichtet, so werden sie nicht nur untadelig, sondern lobenswert sein. Denn in allen Regungen ist Wille vorhanden, ja sie alle sind nichts anderes als Willensregungen. Begierde und Lust sind lediglich der Wille in der Bejahung dessen, was wir wollen.« (Gottesstaat 14,7)

Und das gilt eben auch für die Liebe. Was für den antiken Menschen undenkbar gewesen wäre, wird von Augustin kühn behauptet: Liebe ist Willen – d.h. es steht in der Macht des Einzelnen, sich für oder gegen die Liebe zu entscheiden:

»Wer sich vorgesetzt hat, Gott zu lieben […], der wird ohne Zweifel wegen dieser Liebe als Mensch eines guten Willens bezeichnet. Dieser Willen heißt in der Heiligen Schrift meist Caritas, doch wird auch das Wort Amor dafür verwendet.« (Gottesstaat 14,7)

Und es ist nur ganz konsequent, wenn Augustin daraus ableitet, dass es eine gute und eine böse Liebe gibt.

»Der gerade Wille also ist gute Liebe, der verkehrte Wille schlechte Liebe.« (Ebd.)

Und was ist nach Meinung des heiligen Kirchenlehrers diese gute Liebe? Natürlich Caritas, die gewollte Liebe, die moralische Tugend, mit deren Befolgung der Christenmensch sich willentlich als gläubiger Christ erweist. Und was ist die schlechte Liebe: Natürlich Eros, den man gar nicht wollen kann und der dem frommen Augustinus gerade deshalb unheimlich und zuwider war – verwerflich und böse.

So kommt es, dass im Mainstream der christlichen Spiritualität und Ethik sich seit der Spätantike die fatale Vorstellung festsetzen konnte, es gebe zweierlei Art von Liebe: eine gute, tugendhafte, entsinnlichte und fleischlose Liebe namens Caritas, und ein böse, lasterhafte, sinnliche und körperliche Liebe namens Eros. Und beide stehen sich unversöhnlich gegenüber.

Diese Entscheidung war fatal. Auf diese Weise wurde das Herz des Christentums entzwei gebrochen. Eros und Religion wurden entzweit. Das Elend nahm seinen Lauf.

Von dieser fatalen Entzweiung kündete ein schönes Bild des Tizians, das man in der Villa Borghese zu Rom bewundern kann und das den Titel »Die irdische und die himmlische Liebe« trägt. Da sehen wir zur linken eine aufrecht sitzende Dame mit geschlossenem Dekolleté, die – das Gebetbuch auf dem Schoß – ganz Anstand, Sitte und Moral verkörpert. Und dann dies lustvolle Weib zur Rechten. Strahlend und wunderschön, mit entblößter Brust dem Knäblein zugewandt, das man ob seiner Flügel unschwer als Eros oder Amor identifizieren kann. Das ist die »irdische Liebe«, die verführerische, sinnliche und leibliche; die, die nicht sein soll – wenn es nach den Moralisten ginge. Und nach denen ging es leider viel zu oft und viel zu lang: Erkaltete Religion, gemeiner Eros – Sie wissen schon …

Dass Augustinus die Liebe entzweite und so zum Urheber jener verhängnisvollen Spaltung wurde, hat freilich eine Vorgeschichte. Sie reicht zurück ins dritte und ins vierte Jahrhundert. Und sie handelt von einer theologischen Debatte, die in der alten Kirche zwar nicht offen ausgetragen wurde, wohl aber die Geister der theologischen Eliten beschäftigte – Eliten im Plural deshalb, weil es davon mindestens zwei in der alten Kirche gab: eine lateinisch-sprechende im Westteil des römischen Imperiums und eine griechisch-sprechende im Ostteil. Und beide hatten recht unterschiedliche Vorstellungen davon, was es denn mit der Liebe auf sich habe, um die in den heiligen Texten so viel Aufhebens gemacht wurde. Genauer: Sie stritten darüber, was eigentlich das griechische Wort αγάπη (*agape*) bedeutet, das im griechischen Originaltext des Neuen Testaments überall dort steht, wo in unseren deutschen Übersetzungen das Wort Liebe zu finden ist.

Die Römer fragten sich, wie *agape* ins Lateinische zu bringen sei, die Griechen suchten nach dem Sinn des Wortes.

Wofür die Römer sich entschieden, wissen Sie bereits. Sie deuteten die Liebe, von der es heißt, Gott sei sie und sie sei die »Summe des Gesetzes und der Propheten« als Caritas. Und Caritas bedeutete die Nächstenliebe, zu der man sich kraft seines Willens entscheiden kann. Wir sprachen davon. Es ist die Deutung, die sich Augustin zu Eigen machte und die dank ihm zum Kernbestand der christlichen Theologie bis heute wurde – und auf deren Konto das Erkalten des realexistierenden Christentums geht.

Die Deutung der *Agape* als Caritas war aber nicht alternativlos. Denn es gab ja noch die griechisch-sprechenden Theologen. Und die hatten einen ganz anderen Blick auf die *agape*. Bei ihnen findet man mit schöner Regelmäßigkeit die These, *agape* sei ein *erotikon pathos* – eine erotische Leidenschaft, wie Gregor von Nyssa es auf die Formel brachte und wie es später von dem als Dionysios Areopagita bekannt gewordenen Autor in Gestalt seiner *erotikoi hymnoi* – der erotischen Hymnen – zur Ehre Gottes zur Sprache gebracht wurde. Agape, so die griechischen Denker meint die hingebungsvolle, hingerissene Liebe des Eros, von dem vierhundert Jahre zuvor kein geringerer als Platon lehrte, er sei der Mittler zwischen Mensch und Gott.

Doch nicht allein weil Platon einst der Eros als eine spirituelle Kraft – ach was: als *die* spirituelle Kraft, *die* Lebenskraft – im menschlichen Leben gepriesen hatte, konnten die griechischen Theologen darauf verfallen, *agape* sei eine Spielart des Eros. Sie hatten noch ganz andere und starke Argumente. Sie hatten Argumente, die sie der heiligen Schrift entnehmen konnte. Und genau das taten sie.

Es ist nämlich kein Zufall, dass man die Gedanken der griechisch sprechenden Theologen über die Liebe und den Eros fast immer da findet, wo sie sich mit einem gravierenden theologischen Problem herumschlugen, das sie sich eingefangen hatten, als das Christentum den Kanon der heiligen Texte des Judentums übernahm und sich zu eigen machte. Zur Erbmasse gehörte nämlich auch das Hohe Lied der Liebe – jener durch und durch erotisch-sinnliche Text, der wie kein anderes Zeugnis der hebräischen Literatur die Freuden und den Zauber der fleischlichen Liebe besingt. Was, um Gottes willen, sollte man mit diesem Text bloß anfangen, der so unbefangen und ungeniert die Fleischeslust besang? Nun, man musste ihm eine allegorische Deutung angedeihen lassen. Man tat so, als sei der Hymnus auf die sexuellen Lüste in Wahrheit ein Lobpreis der in mystischer Ekstase sich zutragenden Vereinigung von Seele und Gott: als ginge es um die spirituelle Liebe des Menschen und gerade nicht um die fleischliche. Wobei die spirituelle Liebe all die Leidenschaft, das Pathos und die Sinnesfreude erbte, die der Dichter jener alten Liederfolge wohl eher der körperlichen Liebe zugewiesen hatte.

Gleichwohl: Was für uns wichtig ist, das ist Folgendes: Im Hohelied der Liebe gibt es viele Stellen, an denen die Braut und der Bräutigam in ihrem Wechselgesang die Liebe, deren Freunden sie entzücken, selbst thematisieren. Und welches Wort fanden die Kommentatoren dort in der von ihnen verwendeten griechischen Übersetzung des alten Hohe Liedes? Sie lasen *agape* bzw. die entsprechenden Verbformen von *agapein* = lieben! Das heißt: Diese überaus sinnliche, leidenschaftliche, hingebungsvolle – erotische – Liebe, die das Hohelied besingt, hieß im kanonischen griechischen Text des Alten Testamentes (der Septuaginta) *agape*. Was lag da näher, als zu vermuten, dass auch die Autoren des Neuen Testaments, die unzweifelhaft die Septuaginta kannten, genau an jene Dimension der Liebe dachten, als sie das Wort *agape* niederschrieben? Nichts lag da näher, und so gibt es guten Grund zu der Annahme, dass Matthäus, Johannes, selbst Paulus und die anderen die erotischen Komponente des Wortes *agape* mithörten, als sie dieses Wort verwendeten, um zur Sprache zu bringen, worum es Jesus ging: ein *erotikon pathos*, eine leidenschaftliche, sinnliche, ergriffene, lebensspendende und hingebungsvolle Liebe, die ganz etwas anderes ist als die nüchtern-moralische Caritas der Römer.

Wahrscheinlich ist es hilfreich, wenn wir hier kurz innehalten, um uns darüber zu verständigen, was es denn mit dem Eros nun eigentlich auf sich hat. Wir ahnen wohl, dass es bei ihm um Leidenschaft und Sinnlichkeit geht. Wir ahnen auch, dass er dem Sexuellen nicht Feind ist und die körperlichen Freuden der Liebe nicht minder schätzt als die geistig-spirituellen. Wer oder was ist also Eros? Wie muss man ihn verstehen, um zu begreifen, warum es nicht nur möglich, sondern nötig ist, die christliche *Agape* als eine Variante der erotischen Liebe zu deuten?

Um hier eine Antwort zu erhalten, muss man die griechische Philosophie konsultieren – nicht nur, weil man dort eine elaborierte Deutung dessen findet, was es mit der erotischen Liebe auf sich hat, sondern auch, weil sich die gesamte Zunft der griechisch sprechenden und schreibenden Theologen der frühen Kirche in dem Fahrwasser des platonischen Denkens bewegte. Und Platon ist in der Tat die Adresse, an die sich wenden muss, wer etwas über Eros in Erfahrung bringen will. In seinen Dialogen »Symposion« und »Phaidros« wird fündig, wer dem Eros auf die Schliche kommen will. Wobei Platon sich sehr eng an das alte mythologische Verständnis hielt und bei Lichte besehen nichts anderes lieferte als eine Übersetzung der alten mythischen Lebensweisheit über die Liebe in die damals vergleichsweise junge Sprache des begrifflichen Denkens.

Wer also ist Eros? Zunächst ist er der Begleiter der Aphrodite.

Wer ist Aphrodite? Aphrodite ist die zur Gestalt einer Göttin verdichtete Schönheit. Aphrodite, das ist die ultimative Attraktivität, das

Hinreißende, das den Menschen ergreift, wo immer es seinen Gesichtskreis streift. Aphrodite, das ist wie ein Magnetstein, den Sie in ein Feld von Eisenspäne stellen: Alles richtet sich nach ihm aus. Ganz so ist eine aphrodisische Frau: Betritt sie das Opernfoyer herrscht für einen Augenblick Schweigen und alle Augenpaare schweifen zu ihr. Ein Sog geht aus vom Aphrodisischen. Es ist der Goldglanz des Schönen, der den Menschen ergreift und dem er sich kaum entziehen kann. Es ist Sog des Liebreizes.

Und so wie Aphrodite für jene bezwingende, berückende und zugleich beglückende Erfahrung hinreißender Schönheit steht, so steht Eros für die Hingerissenheit, für die Ergriffenheit, Berücktheit und Bewegtheit des Menschen, den der Glanz des Schönen trifft. Eros, das ist die Antwort auf den Anspruch des Schönen. Eros, das ist die Leidenschaft, das Widerfahrnis, das Erleiden jener zwingenden Macht des Schönen, die den von ihr begeisterten und beseelten Menschen gleichsam in die Knie zwingt. Eros, das ist das Fallen und Stolpern in die Liebe, dem erliegt, wer sich dem Sog des Schönen anheimgibt; in der englischen Sprache kommt diese Erfahrung zu Wort: *»to fall in love«*. Eros ist die Begeisterung, die dem Menschen zu Teil wird. Er ist der Geist – der daimon, wie Platon schreibt –, der vom Himmel gesandt ist, um den Menschen zu erheben.

Eros kommt über uns, so wie die Schönheit über uns kommt. Er trifft uns, wenn es sich trifft, dass wir dem Trefflichen begegnen. Deshalb sind Pfeil und Bogen seine Insignien. Sie stehen dafür, dass er uns übermächtigt. Auch dann, wenn wir es gar nicht wollen. Es liegt allein an ihm, ob er in unser Leben tritt. Sein Pfeil trifft uns, wenn er will – nicht, wenn wir es wollen. Sich dieses klar zu machen, ist höchst wichtig, weil es die Liebe vom Wollen entkoppelt. Als Augustinus lehrte, die Liebe sei nichts anderes als Willen – als Wohlwollen –, da nahm er der Liebe ihr Bestes und Heiligstes: dass sie ein Geschenk ist; dass wir sie nicht machen oder erzwingen können; dass wir sie nicht kraft unserer instrumentellen Vernunft und Technik in uns entfachen können; dass es kein Zehn-Punkte-Programm gibt, mittels dessen wir ohne zu wanken und sicheren Schrittes in die Liebe schreiten können – nein, die alte Weisheit lehrt uns: In die Liebe muss man fallen oder stolpern, muss sich von ihr ergreifen und packen lassen. Sie ist Gnade und Geschenk. Alles andere ist Wohl-Wollen, aber keine Liebe; Caritas, aber keine Liebe; Moral, aber keine Liebe.

Eros ist »beyond my control« wie John Malkovich alias Chevalier de Valmont in einer zauberhaften Verfilmung der »Liaisons dangereux« von Pierre Choderos de Laclos zu schwafeln beliebt, wenn immer er eine neue Eroberung gemacht hat. Der Spruch ist eine Marotte, aber er funktioniert, weil nicht nur die Geliebten des Chevaliers, sondern wir alle wissen, dass die Liebe nur echt ist, wenn sie »beyond our control« auf uns niederkommt – wenn sie nicht gemacht und nicht gewollt ist. Gewiss kann man sich vor den Pfeilen des Eros schützen. Man kann sich eine Rüstung anlegen, einen Mauer um sich errichten und sich hinter einer coolen Oberfläche verschanzen. Wer der Welt im Gestus des »Was geht mich das an?« begegnet und einen auf unberührbar macht, wird es dem Eros schwer machen, ihn zu treffen. Ebenso, wer rastlos durch die Welt rennt, ohne je innezuhalten. Da steht der Eros-Knirps mit seinem Bogen am Rande der Autobahn und schießt seine beseligenden Pfeile vergeblich auf die Rasenden. Oder Sie können sich in Glas-Stahl-Beton-Bunkern verschanzen, durch deren von ökonomischem Kalkül gebauten Wände kein Pfeil des Eros jemals dringt. Das alles können Sie tun – und die meisten Menschen verhalten sich in unserer so gänzlich unerotischen Zeit auf eine der beschriebenen Weisen. Sie können das tun, aber dann wird Ihr Leben ebenso erkalten wie die Religion, die den Eros verstieß. Sie werden zum Zombie. Schauen Sie sich um. Sie werden manches Exemplar dieser Gattung entdecken.

Sie können sich aber auch offenhalten, die Brust entblößen und dem Pfeil des Eros darbieten. Zwar gibt es keine Garantie, dass das Wunder auch wirklich geschieht und sein Pfeil Sie trifft – aber Sie können die Wahrscheinlichkeit erhöhen – indem Sie sich ansprechen lassen vom Ansprechenden, sich bewegen lassen vom Bewegenden, sich berühren lassen vom Berührenden, sich verletzen lassen vom Pfeil der Liebe.

Denn auch das gehört dazu. Und das ist wohl auch einer der Gründe, warum so viele Menschen den Eros meiden – gerade auch in den Kirchen: die Angst davor, verletzt zu werden; die Angst davor, die Kontrolle zu verlieren; die Angst davor, dem wohlgehegten, sicherheitshungrigen und um seine Habe – auch die spirituelle Habe in Gestalt von Bekenntnis und Moral – besorgten Ego wehzutun. Aber gerade das ist das Wunder des Eros, dass er wehzutun vermag: dass er das kleine, sicherheitshungrige Ego zu erschüttern und zu zertrümmern weiß, um Platz zu machen für das wahre Leben und die wahre Lebendigkeit. Sagte Jesus nicht, er bringe das Schwert? Er sagte es (Mt 10,34), und als er solches sagte, da sprach er es als Liebender, als Mann des Eros. Darauf komme ich gleich zurück.

Eros zieht und Eros schiebt. Eros trägt über die Grenze. Deshalb hat er seine Flügel: Er ist die Kraft, die uns beflügelt, die Kraft, die unseren Geist erhebt, die uns nach oben trägt – nach oben trägt wohin? Die Antwort heißt: zu Gott. Eros, so lässt Platon im »Symposion« die

Priesterin Diotima von Mantineia sagen, ist der Mittler zwischen Menschen und Göttern. Nicht selbst ein Gott, wohl aber ein *daimon*, wie wir schon hörten. Ein Geist, der begeistert, ein heiliger Geist, von dem Mevlana Rumi treffend sagte: »Die Liebe packt uns alle beim Genick und schleppt uns Zappelnde zu Gott.« Das war ganz aus Platons Geist gesprochen, der in seinem »Phaidros« nicht müde wurde, den »heiligen Wahnsinn« des Eros zu preisen, weil er sich vom Schönen hinreißen lässt zum Göttlichen, zum ewig Wahren und Guten, das ihn in allem Schönen grüßt: im schönen Leib der Liebsten ebenso wie im schönen Licht des Sternenhimmels, im schönen Klang einer Musik ebenso wie in den irisierenden Farben eines Schmetterlingsflügels, in schönen Gebräuchen und Spielen ebenso wie im schönen Wellenspiel des Meeres.

Eros, das ist die Pointe der platonischen Liebes-Philosophie, ist eine spirituelle Kraft – eine transzendierende Kraft (*vis transitiva*), die den Menschen beflügelt und begeistert, die ihn befreit und beseelt. Vom Schönen und Heiligen hingerissen verlieren wir unsere Kleinlichkeit und Engherzigkeit, unseren Egozentrismus und unsere ängstliche Gier. Eros heilt von jener unheilvollen spirituellen Krankheit, die sich infolge seiner Trennung vom Spirituellen in unseren Breiten ausgebreitet hat: der kalten Selbstbezüglichkeit, die nur den eigenen Vorteil schätzt. Er heilt uns von der selbstgefälligen Nabelschau, die gerade im religiösen Umfeld so verhängnisvoll ist. Er reißt uns heraus aus unseren Dogmen und Fundamentalismen, er spottet der Scharia und dem Gesetz. Er öffnet unser Herz und lässt uns wachsen, statt dass wir in den goldenen Käfigen unserer Selbstgewissheit zu verenden. Der Himmel schickt ihn uns, auf dass er uns ergreife und ins Leben trage: ins Leben, das uns überall da begegnet, wo wir unsere Coolness und Komfortzonen zurücklassen und uns dem Anderen zuwenden – dem anderen Menschen und der anderen Welt.

Eros ist konkret. Er braucht das Gegenüber, das er liebt. Und dieses Gegenüber ist sein Du. Es ist im Hier und Jetzt und spricht uns gegenwärtig an. Auf seinen Flügeln trägt der Eros uns zum anderen – und nicht in eine abstrakte Moral oder ein Bekenntnis.

Bei alledem bleibt Eros doch ein Kind. Die Künstler kennen ihn als Knaben. Vorpubertär, vielleicht 12 Jahre alt. Was tut ein Knirps wie er am liebsten? Spielen! Er ist ein Spieler. Und das ist das Beste, was man über ihn sagen kann. Er will doch nur spielen – er *will* eben nichts, verfolgt keine Ziele als nur das eine: das Leben zu feiern, das Leben zu sich selbst zu bringen, Lebendigkeit zu entfalten. Er will nichts, was dem Spiel der Liebe äußerlich wäre. Wo er wirkt, trägt dieses Tun seinen Sinn in sich. Eros ist nicht nützlich und nicht effektiv – deshalb ist er dem Homo Oeconomicus zuwider. Er ist aber auch weder gut noch böse, er ist a-moralisch. »Was aus Liebe getan wird«, sagte Nietzsche, »geschieht immer jenseits von Gut und Böse«. Die Liebe, von der Nietzsche spricht, ist kein anderer als Eros. Dem unschuldigen Spieler kann man nichts zurechnen. Man kann ihn nicht zur Verantwortung rufen. Noch einmal: Wen der Eros ergreift, der weiß: »It's beyond my control«. In das vom Eros getroffene und entflammte Herz reicht kein kategorischer Imperativ und kein Katechismus. Das Reich des Eros ist moralinfrei. Auch deshalb war er wohl den alten Theologen so verhasst. Sie wollten ja mit der Moral den Menschen sich untertan machen: ihm sagen, was gut und böse ist, um ihn so an die Kette der Moral zu legen. Da war ein kleiner Knirps mit Pfeil und Bogen hinderlich. Dem Bürschlein musste man die Flügel stutzen. Wie es denn auch geschah – und weiterhin geschieht. Indem man ihn verdammte und an seiner statt die Caritas inthronisierte.

Was man dabei vergaß, ist Folgendes: So wie die alten Griechen Eros dachten, konnte er erwachsen werden. Er konnte reifen und zur Blüte kommen. Er konnte eine Haltung in des Menschen Herz erzeugen: die Haltung einer echten Caritas, die nicht gemacht und nicht gewollt ist; sondern als Frucht im Herzen eines Menschen wächst, das ganz von

Eros durchgeglüht ist. Hat Eros erst des Menschen Herz ergriffen, dann wächst in ihm die Haltung der Barmherzigkeit und Nächstenliebe. Sie wächst von selbst, ist nicht gemacht, ist nicht Produkt von Bekenntnis und Entscheidung. Vielmehr ist sie so etwas wie das Sediment des Eros – und als solches ist sie schön.

Ein letztes Kennzeichen des Eros bleibt noch übrig: Er sucht Vereinigung. Das ist die Richtung seines Spiels, das ist die Richtung seines Wirkens. Er will, dass ihm das Schöne und das Gute und das Wahre werde! Er will das Ideal mit dem faktischen Leben vereinigen, auf dass es lebendig werde. Deshalb sucht er die Vereinigung mit dem, was ihn entflammt. Und das auf allen Ebenen. Da er noch jung und unreif ist, so stellt Diotima es in Platons »Symposion« dar, zieht es ihn zu den schönen Leibern, da reißt ihn ein hübscher Hintern oder eine wohlgeschwungene Taille hin. Da scheint ihm der schöne Leib ein Wink des Himmels zu sein und der vom Eros Ergriffene sehnt sich nach Vereinigung mit ihm. Später dann entbrennt er auch für schöne Seelen, für schöne Bräuche, schöne Einsichten und schöne Dinge. Er ist entflammt von der Schönheit des Kosmos und der Natur. Und zuletzt erkennt er, dass die Schönheit in allem am Ende die Schönheit Gottes ist. So trägt er die Seele im Sog des Schönen zum Göttlichen – so entfaltet er das menschliche Potenzial vor dem Horizont des Heiligen. So weckt und nährt er den Sinn und den Geschmack für das Unendliche.

Der Eros ist, wenn wir dem Zeugnis und der Deutung der alten Griechen trauen, die spirituelle Kraft par excellence. Der Sinn und Geschmack für das Unendliche ist ein erotischer Geschmack. Und das lehrt nicht allein der Platonismus. Es ist der Kern der Lehre Jesu. Es ist die Zentralachse, der Angelpunkt, der Gravitationskern abendländisch-europäischer Spiritualität. Ihn in Theologie und *praxis pietatis* zu rehabilitieren und zu neuem Leben zu erwecken – das allein ist wohl den Schweiß der Tapferen wert, die sich ernstlich um die Zukunft unserer Kultur und Religion sorgen. Wir brauchen eine Re-Erotisierung des Christlichen, eine Renaissance des Eros. Das wäre der Stoff einer neuen Reformation. Für sie ist es an der Zeit – gerade jetzt, wo die alte Reformation an ihr Ende gekommen ist und sich das ursprüngliche Motiv des Protestantismus erledigt hat: Die Frage, wie man einen gerechten Gott bekommt, interessiert heute niemanden mehr – die Frage, wie ein lebendiges und erfülltes Leben nach Maßgabe Jesu gedeihen kann, ist hingegen ungebrochen aktuell.

AGAPE – DIE EROTIK JESU

Die Liebe, die in der Heiligen Schrift auf so mannigfaltige Weise gerühmt wurde – die Liebe, die im Neuen Testament *agape* heißt – sie ist ein *erotikon pathos*. Sie ist eine Spielart des Eros: des Eros im Sinne dessen, was soeben dargestellt wurde. Sie ist die Liebe, die in Jesus von Nazareth Mensch wurde. Wahrer Mensch und wahrer Gott – das heißt: Manifestation der Liebe in Gestalt des Eros. Jesus war ein erotischer Mensch. Ein Erotiker – einer, an dessen Wesen und Wirken sichtbar und spürbar ist, inwiefern die agape, die er predigte, erotisch ist. Auch wenn sie im Testament nicht *Eros* heißt.

An seinen Taten sollt ihr ihn erkennen! Fragen wir also: Sind Jesu Taten vom Eros beseelt? Sie sind es, sie sind es – und wie sie es sind! Wenn man nur einmal verstanden hat, wer bzw. was Eros ist (und was Caritas), dann springt er einen förmlich an, wenn man im Evangelium von Jesu Wirken liest. Dann steht er schön und leuchtend vor dem inneren Auge: er, der *Jesus eroticus*.

Dann nämlich sehen Sie sogleich, dass die Art und Weise, wie Jesus mit den Menschen umging, sich sehr viel besser als eine Form der erotischen Konversation beschreiben lässt, denn als Vollzug der Caritas. Denn schauen

Sie: Diesen Jesus kann man eigentlich nur verstehen, wenn man ihn als einen sieht, der vom Sinn und Geschmack für das Unendliche durchdrungen war: der aus einem inneren Ergriffensein für Gott handelt – und der Gott oder das Göttliche überall zu sehen wusste; vor allem in der Gesichtern derer, die ihm auf seinem Weg begegneten. In jedem Menschenantlitz – egal ob es sich dabei um eine Nutte oder einen Devisenhändler (= Zöllner) handelte – erkannte er das schöne Antlitz Gottes – das Du, dem seine Liebe galt!

So handelt kein Moralprediger oder Tugendlehrer. Nein, dieser Jesus ist ein tatkräftiger Mensch, dessen Handlungsimpuls nicht aus dem Bekenntnis zu irgendeiner Moral erwächst, sondern aus der unmittelbaren Begegnung mit dem konkreten Du. Immer wendet er sich den Menschen zu; und zwar dem leiblichen Menschen. Nie hört man ihn so etwas predigen wie: Wenn ihr schön brav seid und meine Gebote haltet, werdet ihr im Jenseits erlöst werden. Das ist nicht sein Ding. Vielmehr geht er auf die Menschen zu, auf die Kranken und Gebrechlichen; nimmt sie an der Hand und sagt: Vertraue! Jetzt und hier. Lass dich berühren, lass dich bewegen, lass es geschehen. Und dann geschieht es: zwischen zwei Leibern, zwischen zwei Menschen, Ich und Du.

Am schönsten erkennbar wird dieser konkrete, leibliche Eros Jesu in jener Geschichte, die meist überschrieben ist mit »Die Salbung zu Betanien« (Mt 26,6-13). Da berichtet der Evangelist von jener Frau, die wohl Maria hieß, die Jesus in Liebe zugetan war und sehr zum Verdruss der Jüngerschar des Meisters Haupt mit kostbarem Öl salbte – eine zärtliche, sinnliche, körperliche Geste, in der sich unzweifelhaft ein vom Eros ergriffenes Herz zeigt. Was aber tun die Jünger? Sie mäkeln rum, finden die Wellness-Anwendung beim Meister überflüssig: »He, das kostbare Öl hätten wir doch besser den Armen gegeben. Alles Verschwendung!« – Hören Sie, wer da aus den Jüngern spricht? Die Moral, die Caritas, die gut sein will und gerade darin das Tunliche verfehlt. Da werden irgendwelche abstrakten Armen ins Feld geführt – und die liebende Frau im Hier und Jetzt wird ignoriert. Jesu Antwort ist eindeutig: »Was betrübt Ihr die Frau! Sie hat mir gut getan. Arme wird es immer geben. Aber mich habt ihr nicht alle Tage!« Das ist stark, oder? Das ist der Triumph der Liebe über die Moral – des Eros über die Caritas. Die persönliche, körperliche, sinnliche Liebe im Hier und Jetzt – um die geht es; nicht darum, guten Willens zu sein und den Anwalt »der Armen« zu geben. Klar, das ist gut gemeint. Aber gut gemeint ist eben gar zu oft das Gegenteil von gut. Vor allem dann, wenn dadurch die reale, fleischlich-konkrete Liebe im Hier und Jetzt vernachlässigt wird – wenn der Ruf nach der Moral dazu führt, die Schönheit vor den eigenen Augen nicht mehr zu sehen: gerade auch die reizende Schönheit einer liebenden Frau, die in Wahrheit um keinen Deut weniger Liebe verdient als die nur dem geschulten erotischen Blick erschließbare Schönheit des göttlichen Lebens im Antlitz abstrakter Armer. Worum es Jesus geht, das ist offenbar nicht so sehr eine Einstellung, als vielmehr die liebende Offenheit eines vom Eros durchglühten Herzens – eines Herzens, das in Gott und die Welt – einschließlich der Menschen – verliebt ist.

Wenn das zutrifft, dann ist klar: Nachfolge Jesu, Christsein – das ist nichts anderes als dieses innere Ergriffensein von Gott in der Welt. Christliche Spiritualität – das ist die Praxis des Eros, die Leidenschaft für Gott und die Welt, die Bereitschaft sich hinreißen und berühren zu lassen von Gott und Mensch und aus dieser Berührung heraus *beherzt* zu handeln.

Was das bedeuten kann, erzählt eindrucksvoll die Geschichte von der Vertreibung der Händler aus dem Tempel (Mk 11,15-17). Hier lernt man, was es heißt, beherzt zuzupacken – nämlich handgreiflich zu werden, wo sich die Mobilfunkvertreter (Taubenhändler) und Investment-Banker (Geldwechsler) im Heiligtum ausbreiten. Da wird der Eros – die glühende Leidenschaft für Gott und die Welt – handgreiflich. Denn da wird das Heilige mit Füßen getreten. Und da kommt kein in gewaltfreier Kommunikation geschulter Moralapostel und sagt: »Ach ihr lieben Leute, bei aller Wertschätzung, wäret ihr vielleicht so gut, eure Produkte etwas weiter da drüben feilzubieten.« Nix da. Die Burschen werden rausgeschmissen. Eros hat durchaus keine Hemmungen, gewaltvolle Kommunikation zu üben, wenn das von ihm Geliebte – das Leben, Gott – geschmäht und geschunden wird. Wo die konkrete Situation ein liebendes Nein verlangt, wird Eros nicht diskutieren. Da langt er zu. Hier und Jetzt. Tun, was tunlich ist. Das ist beherzt, das ist Eros – zumindest dann, wenn sich die Energie des Handels aus der Liebe zum lebendigen Gott oder zum göttlichen Leben speist.

Es wäre mithin ein grobes Missverständnis, würde man auf den Gedanken verfallen, die christliche Spiritualität sei eine ewige Love-Parade im Zeichen von Friede, Freude, Eierkuchen. Davon kann keine Rede sein. Hier geht es nicht ums Händchenhalten und ein spirituelles Kuschelseminar, sondern es geht um beherztes Handeln, das auch das Schwert nicht scheut, wenn das Objekt der Leidenschaft bedroht ist: der konkrete Mensch, das konkrete Leben, der Leib Gottes, der seine Schönheit in jedem Leib offenbart.

Jesus war nicht ein Lehrer der Moral, nicht ein Vorbild guten Willens, sondern er war die Inkarnation einer begeisterten, leidenschaftlichen

Liebe zu Gott und Mensch. Wenn man sich das klar macht, dann heißt Nachfolge Jesu: die Weisheit des Herzens kultivieren. Eros Raum geben, reifen lassen, groß werden lassen. Sinn und Geschmack entwickeln für das, was in Gottes Schöpfung stimmt – und dort beherzt zu intervenieren, wo es nicht stimmt. Nachfolge Jesu heißt, leidenschaftlich leben, sich hinreißen lassen von Gott und Menschen, sich im Herzen berühren lassen und aus dieser Berührung beherzt handeln; nicht auf das eigene Machen, Können und Leistungsvermögen, den eigenen Willen und die moralische Integrität bauen, sondern auf die Bereitschaft, sich anrühren zu lassen von dem, was ist und was Not tut – und verantwortlich auf den konkreten Anspruch des Lebens zu antworten.

Christsein hat nichts mit Machen zu tun. Es geht hier nicht um ein Leisten. Es geht hier nicht darum, mit Eifer und Fleiß sein Seelenheil zu machen, indem man tapfer die Gebote der Moral erfüllt. Es führt kein Machen in die Liebe, sondern immer nur ein Lassen. Es gibt keine Methode und auch keine Technik – es gibt allein die Bereitschaft, es mit sich geschehen zu lassen. Es ist Gnade und nicht Fertigkeit.

Langer Rede kurzer Sinn: Nachfolge Jesu, das ist ein sinnlich-erotisches Projekt, ein Abenteuer, das vor allem Hingabe und Mut erfordert und nicht so sehr nüchternes Kalkül und moralischen Gehorsam. Und die Aufgabe der Kirchen bei diesem Projekt ist es, Menschen zu diesem Abenteuer einzuladen, sie darin zu unterstützen und zu begleiten. Sie sind dafür da, Räume zu öffnen, in denen Jesu *erotikon pathos* wachsen und gedeihen kann: den Sinn und Geschmack des Christentums in einer erotischen Spiritualität zu kultivieren, die den Menschen die Rückbindung an eben den Gott ermöglicht, von dem gesagt ist, er sei die Liebe.

Und wie macht man das?

FLIRT – EINE DIALOGISCH-EROTISCHE SPIRITUALITÄT DES CHRISTENTUMS

Eine christliche Spiritualität, die der Nachfolge Jesu in Wort und Tat den Boden bereitet, kann nur eine erotische Spiritualität sein, die Sinn und Geschmack für das Unendliche weckt und wachhält: eine Spiritualität, die das Unendliche in Sinn und Sinnlichkeit erfahrbar macht; die Eros und Religion wieder mit einander versöhnt, die Menschen in die Liebe – die Gott ist – fallen lässt und die Räume für diese Liebe öffnet; eine Spiritualität des Herzens und nicht eine Spiritualität des Intellektes – eine

Spiritualität, deren wichtigste Qualität darin liegt, sich offenzuhalten, berührbar zu halten, *wehrlos* dem Leben zugewandt zu sein (um dieses ungebräuchliche Wort zu ehren, das Friedrich Hölderlin so liebte). Nur eine solche erotische Spiritualität wird in den Herzen der Menschen das Feuer entfachen, das einer erkalteten Religion bestenfalls neues Leben einhaucht und die Begeisterung weckt.

Die erotische Spiritualität kennt keine Bekenntnisse. Wir dürfen sie deshalb nicht mit der pfingstlerischen oder evangelikalen Spiritualität verwechseln, die vielerorts gepriesen wird. Die Begeisterung des erotisch entflammten Christenmenschen speist sich nicht aus der Zugehörigkeit zum Kreis der frommen Bekenner. Sie speist sich ebenso wenig aus dem Erlösungsstolz der zum »wahren Glauben« Erweckten. Ihre Quelle ist auch nicht die Angst, die in fundamentalistischen Kreisen so gern geschürt wird, um dann Bekenntnis und Moral als umso erlösendere Instrumente der Heilsökonomie anzupreisen. Gänzlich fern liegt ihr der Fanatismus, der sich am Feindbild der Ungläubigen hochschaukelt, wie es der politische Islamismus dieser Tage tut (nicht minder aber auch fundamentalistische christliche Gruppierungen oder die Pseudo-Christen bei AfD und Pegida). Das alles hat mit Eros und Liebe nichts zu tun, sondern nährt sich von dem, was man eine perverse

Begeisterung nennen könnte: eine Begeisterung, deren Quellregionen Hass, Neid, Gier, Angst und Egoismus sind; all jenes also, was gerade nicht die Brücke zum Heiligen schlägt, was aber durch das Feuer des Eros eingeschmolzen und in einem nachgerade alchimistischen Akt zur Menschen-, Welt- und Gottesliebe gewandelt werden kann.

Was heißt das alles nun konkret? Wie geht erotische Spiritualität? Und wie lässt sie sich ins real existierende Christentum implantieren? – sofern das überhaupt irgendwie möglich ist.

Zunächst: Es gibt keinen Eros ohne Du. Erotische Spiritualität ist unabdingbar eine Spiritualität des Du: des konkreten leiblichen, irdischen, sterblichen und endlichen Gegenübers inmitten dieser Welt – des Du, durch das hindurch dem vom Eros geklärten Blick in ganzer Schönheit das Antlitz Gottes leuchtet. Von einem solchen Du sprach Martin Buber, der große jüdische Religionsphilosoph, dem klarer denn dem deutlichen Gros der spirituellen Autoren des Christentums vor Augen war, was eigentliches Christsein ausmacht; wohl deshalb, weil eigentliches Christsein – wenn man es denn als erotisches Geschehen deutet – nichts anderes ist als voll entfaltete Menschlichkeit. Gleichviel. Von Martin Buber stammt die klare Einsicht, dass Menschsein sich am Du des Menschen formt: »Der Mensch wird am Du zum Ich« notierte er in seinem Büchlein »Ich und Du« von 1923. Wir können dieses Wort variieren, indem wir sagen: *Der Mensch wird am Du zum Christen.*

Was ist das »Du«, von dem Martin Buber sprach? Es ist ein anderes als das »Es«. Zwei Weisen gibt es, wenn wir Buber folgen, wie sich der Mensch zur Welt verhält: Entweder sieht er alles als ein Es, oder er begegnet ihm als einem Du. Begegnet er der Welt als einem Es, dann macht er sich den-die-das Andere zu einem Objekt, zu einem Gegenstand – zu etwas, über das er reden kann; das er erfahren und sich nutzbar machen kann; das ihn bei alledem aber nichts angeht; bei dem er lediglich fragt, was er damit anfangen kann und wie er es seinen Interessen nutzbar machen kann. Ganz anders ist es, wenn sich ein Mensch dem Anderen als einem Du zuwendet:

> *»Stehe ich einem Menschen als meinem Du gegenüber [...], ist er kein Ding unter Dingen und nicht aus Dingen bestehend. Nicht Er oder Sie ist er, von anderem Er und Sie begrenzt, im Weltnetz aus Raum und Zeit eingetragener Punkt; und nicht eine Beschaffenheit, erfahrbar, beschreibbar, lockeres Bündel benannter Eigenschaften. Sondern nachbarnlos und fugenlos ist er Du und füllt den Himmelskreis. Nicht als ob nichts andres wäre als er: aber alles andre lebt in seinem Licht.«*

Worin die Griechen schon den Geist des Eros sahen, ist hier in großer Klarheit ausgesprochen: die Hinwendung zum Anderen *als* Anderen – die Hingabe, die sich dem Anspruch stellt, der vom Anderen an mich ergeht; all das ist hier als das markiert, was Buber »Du« nennt: jene erotisch liebende Wendung zur Welt, die sich nicht in die Oberflächlichkeit und Sachlichkeit des »Es« verliert – in jene Sachlichkeit und Nüchternheit der Rede über andere, über »die Armen« oder über »Gott«, über Moral und über Dogmen; eine Sachlichkeit, die übrigens auch immer da obwaltet, wo sich der Pfarrerstand in die kühle Professionalität des Dienstleisters flüchtet und sich sein vormaliges Selbstverständnis als Seelsorger verflüchtigt.

Wenn wir am Anfang sagten, das realexistierende Christentum der Gegenwart sei eine erkaltete Religion, dann verstehen wir jetzt noch besser, warum das so ist: Weil ihr mit dem Eros das Du verloren ging. Weil es vor lauter Konzepten den Menschen nicht mehr sah – jene Versuchung, der vor allem der Protestantismus erlegen ist, wie schon Schleiermacher erkannte.

Gleichviel: Mit dem Du des anderen Menschen und der bunten Welt verliert die erkaltete Religion ihr eigenes Wesen – die Rückbindung an Gott. Denn Gott, auch darin sind sich Buber und Platon einig, Gott ist nirgends anders zu treffen als im Du des Menschen und der bunten Welt: »Die verlängerten Linien der Beziehungen schneiden sich im ewigen Du. Jedes geeinzelte Du ist ein Durchblick zu ihm«, sagt Buber und kann infolge dessen in nur einem Satz das Grundwort einer echten erotischen Spiritualität und damit die Essenz des Christentums aussprechen:

»Wenn du das Leben heiligst, begegnest du dem lebendigen Gott.«

Und wenn es noch eine andere Variante darauf sein darf, dann nehmen wir jenen Satz aus Hölderlins Roman »Hyperion« hinzu, der da lautet:

»Zu leben, zu sein, das ist genug. Das ist die Ehre der Götter.«

Christliche Spiritualität ist erotische Spiritualität, ist Spiritualität des Du. Das unterscheidet sie von der gegenwärtig – gerade auch in der »spirituellen Szene« in und außerhalb der Kirchen – so hoch geschätzten östlichen Spiritualität, allem voran des Zen. Wird dem spirituellen Zögling dort nahe gelegt, er möge sich in Nicht-Anhaftung üben und aus der leidenschaftlich-hingebungsvollen Verbundenheit zu jedem Gegenüber lösen, um sodann sanft in die seligen Wonnen der Non-Dualität zu entschweben, so lehrt der Weg des Westens gerade das Gegenteil: Hier geht es um Verbundenheit; um richtige Verbundenheit. Hier geht es darum hinzuschauen und nicht, sich von der Welt abzukehren.

Hier geht es auch nicht um das seichte Wir eines transpersonalen, kosmischen oder evolutionär höher entwickelten »Bewusstseins«, das gegenwärtig so in Mode ist und hinter dem sich in Wahrheit meist das ins Maßlose aufgeblähte Ego derer versteckt, die so gern das Wir verkünden. Nein, in der aus unseren christlich-griechisch-humanistischen Wurzeln genährten erotischen Spiritualität geht es um das echte Wir von Ich und Du: das Wir, das mehr ist als die Summe seiner Teile, das mehr ist als eine bloße Zweckgemeinschaft. Es geht um das Wir, das in dem Du Gottes gründet, das jedem Menschen innewohnt. Es ist das Wir des Menschen und der Welt, die er mit seinem Eros heiligt.

Christliche Spiritualität ist erotische Spiritualität, ist Spiritualität des Du – ist dialogische Spiritualität. Sie sucht die Konversation, sie sucht das Gegenüber, sie sucht das Antlitz Gottes in der Welt: »Bleibt der Erde treu!« ruft sie mit Nietzsche unserem Herzen zu:

»Bleibt der Erde treu und glaubt Denen nicht, welche euch von über-irdischen Hoffnungen reden! Giftmischer sind es, ob sie es wissen oder

nicht. Verächter des Lebens sind es, Absterbende und selber Vergiftete,
deren die Erde müde ist: so mögen sie dahinfahren!«

Es ist Zeit für die neue Reformation: die Renaissance des Menschlichen, die Renaissance des Sinnlichen und Schönen. Es ist Zeit für eine erotische Spiritualität des Du. Aber sind die Kirchen reif dafür? Ist der Boden des real-existierenden Christentums noch warm und feucht genug, die Saat des Geistes aufzunehmen? Ich weiß es nicht. Das muss die Zukunft weisen. Dank Franziskus I. stehen im Katholizismus die Chancen gegenwärtig nicht schlecht. Die Wiederbesinnung auf das franziskanische Erbe als kostbarstem Juwel im Schatzhaus der Christentumsgeschichte ist unzweifelhaft ein Schritt in die richtige Richtung. Franziskus war ein großer Erotiker vor dem Herrn. Er sah das Du in allen, er blieb der Erde treu:

»Gelobt seist du, mein Herr, durch Schwester Mond und die Sterne;
am Himmel hast du sie gebildet, hell leuchtend und kostbar und schön.

Gelobt seist du, mein Herr, durch Bruder Wind und durch Luft
und Wolken und heiteren Himmel und jegliches Wetter, durch das
du deinen Geschöpfen den Unterhalt gibst.

Gelobt seist du, mein Herr, durch Schwester Wasser,
gar nützlich ist es und demütig und kostbar und keusch.

Gelobt seist du, mein Herr, durch Bruder Feuer,
durch das du die Nacht erleuchtest;
und schön ist es und liebenswürdig und kraftvoll und stark.

Gelobt seist du, mein Herr, durch unsere Schwester, Mutter Erde,
die uns ernähret und lenkt (trägt)
und vielfältige Früchte hervorbringt und bunte Blumen und Kräuter.«
(Aus dem Sonnengesang des Franziskus)

In diesem Lied weht der Geist jener erotischen Spiritualität, die als dialogische Spiritualität nichts anderes sein kann als ein Flirt mit Gott.

Was ist ein Flirt? Ein Flirt, das ist die erotische Konversation. Das ist ein heiliges Spiel, der tastenden Annäherung im Sog des Geliebten. Ein Flirt ist das Changieren aus frommer Scheu und kecker Lust. Es ist der Tanz im Lichte jenes Du, das ganz den Himmelskreis der eigenen Seele ausfüllt – eine Begegnung, in der sich das Ich verliert und das konkrete, leibliche Du zum Antlitz Gottes wird. Ein Flirt – damit kein

Missverständnis aufkommt – ist nicht ein Instrument, den anderen zu verführen. Das ist kein Flirt, sondern Methode. Das kommt aus der Welt jenes ES Martin Bubers, das den anderen der eigenen Willkür nutzbar machen will. Der Flirt dagegen, wie er hier gemeint ist, verschenkt sich an den anderen und trägt seinen Sinn allein in sich selbst: in der von ihm aufs Schönste bekundeten Verbundenheit und Rückgebundenheit an Gott: *Re-ligio* – ein Liebesspiel.

Fünf Farben hat der Flirt und diese Farben sind so etwas wie die Säulen jener erotisch-dialogischen Religion, die den Sinn und Geschmack des Christentums entbindet. Sie in den Räumen der Kirche zu pflegen und zu hegen – das wäre wohl der Weg, der in die Zukunft führt. Diese fünf Säulen sind: Bezaubern, Begeistern, Bewegen, Berühren und Besinnen.

BESINNEN: STILLE UND DANKBARKEIT

Die erste Säule ist das Besinnen: das Zur-Besinnung-Kommen; das Innehalten und das Lauschen. Das ist aller Spiritualität Anfang. Die Dynamik des Alltags unterbrechen, die Hektik stoppen, mit der wir gemeinhin auf der Benutzeroberfläche des Lebens surfen. Das Karussell der Gedanken stoppen, entschleunigen, durchschnaufen, Luft holen, innerlich leer werden, vom Aktionsmodus auf den Empfangsmodus umswitchen – um sich dann den Dingen und den Menschen zuzuwenden und sich bewusst zu werden, was alles da ist; und welche Schönheit der Welt innewohnt. Andächtig-werden, das Andenken darauf lenken, was uns gegeben ist, ihm in Dankbarkeit begegnen. Annehmen, achtsam sein. All das tut Not, wenn Eros im Herzen Raum greifen soll. Wir müssen zur Ruhe kommen, weil sonst sein Pfeil nicht trifft, die Fensterläden der Seele aufklappen, weil seine Sonne sonst nicht in unsere Kammern scheint. Nur, wenn wir innerlich leer geworden sind, werden wir uns berühren und bewegen lassen.

Das alles braucht Zeit, das alles braucht Raum, das alles braucht Zeremonien und Kulturformen, die uns darin unterstützen, zur Besinnung zu kommen. Das alles ist es, wonach so viele Menschen hungern; gerade jene, die eigentlich spiritualitätsaffin sind, in den Kirchen aber keine Nahrung finden. Sie dürsten nach dem Innehalten. Sie sollten ernst genommen werden. Ihnen sollten sich die Kirchen zuwenden und ihnen sollten sie ihre Türen öffnen und ihre Zeit schenken. Die Übungen dafür sind längst bekannt: Meditation und Kontemplation sind wohl die Königswege der Besinnung und des Leerwerdens. Richard Rohr, der weithin bekannte Franziskanerpater aus den USA, sagte mir einmal:

»Christoph, if you buy a new car and you want to put it into your garage, you first have to empty it!" Das hat mir unmittelbar eingeleuchtet: Erst muss der ganze Kram raus aus der Seele, damit sie berührbar und erfüllbar ist. »That's contemplation«, sagte er. Davon brauchen wir mehr in unseren Kirchen. Wir brauchen eine Spiritualität der Stille. Kirchen sollten Oasen der Stille sein.

Sie erheben Einspruch? Weisen darauf hin, dass es davon doch reichlich gibt. Das dürfen Sie, denn: Ja, es gibt die City-Kirchen, wo solches geschieht. Ja, es gibt spirituelle Begegnungsstätten, in denen solches geschieht – ja, ich weiß, dass jeder zweite Leser, der dies liest, ein Beispiel nennen kann, wo das, was hier gewünscht ist, schon Erfüllung findet. Und trotzdem, liebe Kirchenmenschen, lasst euch sagen: da draußen in der Welt kommt das nicht an. Da weiß man nichts davon – und selbst wenn doch, dann bleibt man fern, weil auch die Stille und Besinnung eine Farbe brauchen – eine Atmosphäre und einen Ton, eine bestimmte Vibration, ohne die die Besinnung flach oder fade bleibt – geschmacklos halt. Besinnung, die den Eros empfangen will, braucht ein Setting, das dem Eros schmeckt.

Was schmeckt dem Eros? Na klar, dem Eros schmeckt das Schöne.

BEZAUBERN: SCHÖNHEIT UND KUNST

Eros liebt es, zu bezaubern. Eros liebt es, sich bezaubern zu lassen. Wenn wir innegehalten und hingeschaut haben – wenn wir auf den Empfänglichkeitsmodus geschaltet haben: dann kann der Flirt beginnen, das Spiel der Bezauberung, das Spiel der Schönheit. Warum nicht auch in der Kirche? Okay, auch hier muss ich zugeben, dass es Unterschiede gibt: in den katholischen Kirchen tut man sich von jeher mit der Schönheit nicht so schwer wie im Dunstkreis des Protestantismus, wo zuweilen noch immer das unselige Erbe Calvins fortwirkt, der alle Schönheit aus den Kirchen verbannte. Gott sei Dank führte das katholischerseits zu einer gegenreformatorischen Trotzreaktion, die uns die schönsten und prächtigsten Kirchenbauten bescherte. Aber man muss gar nicht so sehr an den Barock denken – den viele ohnehin nicht lieben – auch die alten Kathedralen aus Romanik und Gotik, ja auch die kleinen Dorfkirchlein aus alter Zeit: sie gibt es ja noch und sie sind schön und laden ein zum Verweilen.

Doch geht es nicht nur um den Raum. Es geht auch um den Kult. Es geht um Schönheit in den Riten und Zeremonien, es geht darum, dass man es sich schön macht – und dass man sich schön macht, wenn man denn Gott nahe kommen will. Es geht darum, die Fensterläden des Herzens nicht nur zu öffnen, sondern die Kammer des Herzens auch mit dem Licht und der Wärme der Schönheit zu fluten. Dann nämlich werden wir auch eher in der Lage sein, da draußen, jenseits unserer Kirchenmauern, die Schönheit in der Welt zu sehen – für sie zu brennen und für sie zu kämpfen. Moralpredigten von schwarz gewandeten Pastorinnen oder Pastoren in kargen Räumen bringen niemanden dazu – der Muff von den Talaren lässt niemandes Herze hüpfen, der Glanz der Schönheit eines sakralen Raumes oder eine würdevollen Zeremonie aber haben die Kraft dazu durchaus.

Die Seele will angemacht werden. Also machen wir sie an, nähren wir sie mit Schönheit, wo es gerade geht – sättigen wir sie mit schöner Kunst, mit schönen Worten, mit schöner Stimmung! Schaffen wir ihr eine Atmosphäre, wo sie flirten kann; wo es erotisch zugeht: wo das Geheimnis wohl angedeutet, aber niemals plakativ ans Licht gezerrt wird. Ein Hauch von Mystik und von Kerzenschein wird keiner Seele schaden. Im Gegenteil. Es sind die kleinen Dinge, die sie nähren. Aus Schönheit keimt Begeisterung.

BEGEISTERN: POESIE UND MUSIK

Begeisterung ist Mangelware. Wenn ich einen normalen Gottesdienst besuche, muss ich zumeist konstatieren: Da hat mal wieder nichts geweht – kein Geist, keine Begeisterung. Statt dessen leere Rituale und als Höhepunkt des Ganzen: der glutenfreie Hostiendip in Traubensaft. Geschmackloser geht es nicht mehr. Wie soll der Geist da wehen wollen? Wie soll da das Herz aufgehen? Wie soll da die Fülle der göttlichen Lieben schmackhaft werden? Das kann nichts werden. O, wie sehne ich mich dann nach dem, was mir als jungem Mann zuteil ward. Sie erinnern sich: Taizé und die Osternacht. Musik und Stille, Licht und Dunkel – und eine Sprache, die nicht flach ist; die sich nicht andient an den Zeitgeist, die nicht belehrt und nicht ermahnt; die aber kündet und verklärt. Ich wünsche mir mehr Poesie in unseren Kirchen.

Man kann die Wichtigkeit der Sprache für die Spiritualität nicht hoch genug veranschlagen. Denn die Sprache, die gemeinhin in den Kirchen gesprochen wird, gleicht oft einer kargen Landschaft, in der Wortruinen in einen bedeutungslosen leeren Himmel ragen – Ruinen die daran erinnern, dass sie einmal vom Geist bewohnt waren, in denen sich aber längst schon kein Leben mehr regt: »Sünde, Sühneblut, Schuld, Opferlamm, Rechtfertigung ... sind solche Worte.« Sie sagen nichts mehr, und das wird nicht besser dadurch, dass man sie mantrenartig wiederholt. Die Sprache muss erneuert werden. Erneuerung von Sprache – das ist Poesie; jedoch nur eine solche Sprache, die spricht – die sich als Haus

Gottes versteht und nicht als Kommunikationsmedium, mit dem die Frau Pastorin ihre Botschaften absondern kann. Sprache, die nichts bekennt und nichts predigt, sondern die bekundet, das wäre die poetische Sprache, die einer erotischen Spiritualität geziemt; Sprache, die das Geheimnis andeutet, ohne es zu enthüllen, das wäre erotische Sprache; Sprache, die nicht für moralische Zwecke instrumentalisierte wird, das wäre eine spirituelle Sprache. Das Gegenteil aber geschieht. Nichts ist unerotischer als eine begeisterungsfreie Predigt über einen Predigttext in »gerechter Sprache« – mit Verlaub gesagt.

Viel besser ist da die Musik. Zumindest dann, wenn sie poetisch bleibt und nicht dem Einpeitschen auf das Bekenntnis dient (wie man es leider immer noch erlebt). Ginge es nach mir, könnte man es bei den kontemplativen Gesängen im Stile von Taizé belassen. Die Erotik des Posaunenchors hat sich mir – offen gestanden – immer noch nicht erschlossen. Aber das kann noch werden. Das ist ein subjektives Geschmacksurteil. Im Blick auf das berüchtigte Neue Geistliche Lied hingegen bin ich kühner. Da gibt es objektive Mängel – denn gar zu oft ist hier die Intention erkennbar. Die Lieder öffnen nicht das Herz, sie appellieren an den Kopf. Und der ist eh schon übersättigt. Erotisch ist das also nicht. Erotische Spiritualität baut am Fundament, am Herzen.

Sie drückt sich aus in dem, was man als Herzmusik bezeichnet könnte. Ganz einfach weil sie weiß, dass der Kopf nur stimmt, wenn das Herz gut gestimmt ist. Und das geht eben nicht mit allem Tralala.

BEWEGEN: PILGERN UND TANZEN

Wobei Tralala auch mal okay sein kann. Ich bin ja gar nicht so. Ich finde sogar den Kirchentanz ganz gut. Denn da geht es um den Leib und um die Sinne. Da geht es um das, worum es in den Gottesdiensten seit Luthers Tagen kaum noch ging. Ich finde es gut, dass sich seit einigen Jahren eine transkonfessionelle (eigentlich wollte ich dieses Wort vermeiden!) Bewegung für den Kirchentanz in Deutschland formiert hat. Das ist irgendwie zeitgemäß. Ich denke allerdings dabei nicht so sehr an irgendwelche rituell aufgepeppten Varianten von Ringelpitz-mit-Anfassen. Gott bewahre! Ich denke eher an getanzte Liturgie, getanztes Evangelium – getanzt von Tänzerinnen und von Tänzern, die etwas davon verstehen, Menschen in der Tiefe anzusprechen. Die Mitmachtänze können auf dem Kirchplatz stattfinden. So wie in Griechenland – wo man ohnehin noch ziemlich viel von der spirituellen Kraft des Eros weiß und entsprechend lebt.

So oder so: Die Seele und der Körper wollen gern bewegt sein. Sie hassen es, 60 Minuten auf harten Bänken zu kauern. Dafür hat der liebe

Gott sie wohl auch nicht gemacht – wenn wir ehrlich sind. Nietzsche sah das ziemlich klar, als er notierte, die »eigentliche Sünde wider den Heiligen Geist« sei »das Sitzfleisch«. Deshalb finde ich auch Pilgern gut. Nicht bloß, weil Hape Kerkeling so ein schönes Buch darüber geschrieben hat. Den Jakobsweg würde ich auch eher meiden, aber diese Form des leiblichen Gebets – die leuchtet mir sehr ein. Einfach bewusst gehen – dem Leib Gutes tun, die Natur erleben, heimisch werden in der eigenen Haut und in der Welt, durch die der Weg führt. Das alles stimmt – es stimmt die Seele und das Herz, die auch bewegt sind, wenn der Körper achtsam durch die Lande wandert.

Immerhin sagte sogar Paulus, der Leib sei der Tempel des heiligen Geistes. Es war nicht gut, ihn aus der Spiritualität zu verbannen. Denn er ist es, in dem der heilige *daimon* Eros am liebsten und am ehesten siedelt. Und weil es doch so schön ist, lassen wir auch die gute Schwester Teresia hier noch mal zu Wort kommen, war sie es doch, die der Christenheit die geflügelten Worte ins Stammbuch schrieb: »Tue deinem Leib etwas Gutes, damit deine Seele Lust hat, darin zu wohnen.« Also denn: Tanz und Pilgern nehmen wir auf in den Kanon der erotischen Spiritualität – auf dass wir an Leib und Seele bewegt werden – und auch berührt.

BERÜHREN: ZÄRTLICHKEIT UND SINNLICHKEIT

Denn darum geht es ja irgendwie beim Flirt: Berührung – körperlich und seelisch. Warum nicht auch beim Flirt mit Gott? Warum nicht einfach einmal an den Armen fassen und Verbundenheit bekunden – oder herstellen, wenn sie denn nicht da ist? Nur bitte nicht im geläufigen Shakehand-Stil des Friedensgrußes: für mich einer der gefürchtetsten Momente zeitgenössischer Liturgie. Hand ausstrecken links, Hand ausstrecken rechts, bloß nicht hingucken. Hoffentlich ist es bald vorbei. Nein, wie jede Form erotischer Spiritualität bräuchte wohl auch die liturgische Berührung die Einbindung in den spirituellen Kontext aller anderer Facetten: Besinnung und Bezauberung, Begeisterung und Bewegung. Sonst wirkt alles aufgesetzt und verfehlt eben deshalb seine Wirkung. Es braucht den zeremoniellen Rahmen, es braucht eine gewisse Intimität. Nur wenn dies beides gegeben ist, wird die Berührung zum spirituellen Akt (und das nicht nur im engeren, liturgischen Sinne).

Wie kann das gehen? Es gibt verschiedene Optionen:

Ein schöner Ritus ist die Fußwaschung, die gelegentlich in außergewöhnlichen Gottesdiensten gefeiert wird. Warum auch nicht? Das ist ein schönes Geschehen, wenn es denn gut eingebunden ist – nicht als Event, sondern als Bekundung liebender Zuwendung; und vorbereitet durch eine herzöffnende Einstimmung. Ein anderes, wunderbares, erfreulicherweise langsam sogar wieder gebräuchliches Juwel aus der Schatulle unserer christlichen Tradition ist das Salbungsritual. Es knüpft an die oben erwähnte Geschichte der Salbung zu Betanien an. Und es ist vergleichsweise einfach. Ich hatte das Glück, es bei verschiedenen experimentellen Gottesdiensten zu erproben, bei denen es jeweils in die Mitte des zeremoniellen Geschehens gerückt wurde: dorthin, wo sonst das Abendmahl bzw. die Kommunion steht – als andere Form der Kommunion der Gläubigen im Geist der Liebe. Das war wunderbar: Die Teilnehmer der Feier hatten sich im Morgengrauen versammelt – sie hatten geschwiegen, sie hatten poetische Verse vernommen, sie waren in den erwachenden Tag hinaus getreten und hatten die aufgehende Sonne mit Gesang und Musik begrüßt. Sie hatten sich gesammelt und wurden dann eingeladen, einander mit feinem Öl zu bestreichen und dabei den Segen zuzusprechen. Die einen bestrichen die Hände, die anderen die Stirn, die Mutigeren auch die Wangen ihrer Nachbarn – ein wunderbarer, stiller, gesammelter und zärtlicher Gestus von Du zu Du; eine Feier der Gegenwärtigkeit und des Verbunden-Seins; ein sichtbarer Akt der liebend-erotischen Zuwendung, die im anderen Gottes Schönheit erkennt und liebkost: »Daran werden alle erkennen, dass ihr meine Jünger seid: wenn ihr einander liebt.«

Besinnen, Bezaubern, Begeistern, Bewegen, Berühren – fünf Facetten einer dialogisch-erotischen Spiritualität aus dem Geiste Jesu; fünf Vorschläge für eine Wiederbeseelung christlicher Spiritualität; fünf Vorschläge für eine zeremonielle und liturgische Besinnung auf das Wesentliche, das Gravitationszentrum, das Herz des Christentums; als Therapeutikum gleichsam gegen die drohende Erkaltung des Christentums und den drohenden, finalen Verlust des Sinnes und Geschmacks für das Unendliche. Wir können nicht länger so tun, als habe Christsein nichts mit Liebe, Lust und Leiden(schaft) zu tun. Wir sollten nicht länger so tun, als wäre Christsein ein moralischer Deal und eine Sache des Wollens. Das ist es nur sehr bedingt. Der Wille zur Liebe ist nichts wert, wenn die Offenheit und Leidenschaft des Herzens fehlen. Sind hingegen die Offenheit und Leidenschaft des Herzens da, folgt auch der Wille. Dann wird er durchdrungen vom Sinn und Geschmack der Liebe. Dann wächst aus Eros die Caritas; dann versöhnen sich Religion und Eros. Dann heilt die Herzkrankheit der Christenheit. Das Schlusswort gebührt Hölderlin:

»Was ist alles, was in Jahrtausenden die Menschen taten und dachten, gegen einen Augenblick der Liebe? Es ist aber auch das Gelun-

genste, Göttlichschönste in der Natur! Dahin führen alle Stufen auf
der Schwelle des Lebens. Daher kommen wir, dahin gehen wir.«

LITERATUR

Aurelius Augustinus: Vom Gottesstaat (De Civitate Dei), München 1991.

Peter Brown: Die Keuschheit der Engel, München 1991.

Martin Buber: Ich und Du, in: Ders: Das Dialogische Prinzip, Heidelberg [5]1984.

Anselm Grün / Gerhard Riedl: Mystik und Eros, Münsterschwarzach, 1993.

Friedrich Hölderlin: Hyperion, in: Ders: Sämtliche Werke und Briefe, Bd. I, München 1970, S. 481-744.

Werner J. Jeanrond: A Theology of Love, New York 2010.

Helmuth Kuhn: Liebe, München 1975.

Gotthold Ephraim Lessing: Das Testament Johannis, in: Ders.: Werke, Bd. VIII, Darmstadt 1979, S. 15-19.

Martin M. Lintner: Den Eros entgiften. Plädoyer für eine tragfähige Sexualmoral und Beziehungsethik, Brixen 2011.

Johannes B. Lotz: Eros – Philia – Agape. Die Drei-Einheit der Liebe, Frankfurt/M 1979.

Friedrich Nietzsche: Morgenröthe, KSA, Bd. 3, München 1988.

Friedrich Nietzsche: Also sprach Zarathustra, KSA, Bd. 4, München 1988.

Friedrich Nietzsche: Jenseits von Gut und Böse, KSA, Bd. 5, München 1988.

T. Anthony Perry: Erotic Spirituality. The Integrative Tradition from Leonore Ebreo to John Donne, Alabama 1980.

Platon: Das Symposion (Das Gastmahl), übers. u. hg. von Barbara Zehnpfennig, Hamburg 2000.

Friedrich Schleiermacher: Über die Religion. Reden an die gebildeten unter ihren Verächtern, hg. v. Andreas Arndt, Hamburg 2004.

Walter Schubart: Religion und Eros, München 1966.

Johannes Thiele: Die Erotik Gottes, Stuttgart 1988.

LITERATUR VOM AUTOR

Christoph Quarch: Flirten mit Gott. Christsein braucht Sinnlichkeit und Leidenschaft, München 2012.

Christoph Quarch: Hin&weg. Verliebe dich ins Leben. Eine Philosophie der Liebe, Bielefeld 2011.

Christoph Quarch: Die Erotik des Betens. Eine mystische Gebetsschule mit Rumi und Mechthild von Magdeburg, München 2007.

Christoph Quarch: Eros und Harmonie. Eine Philosophie der Glückseligkeit. Freiburg/ Br. 2006.

Christoph Quarch: Die Quelle allen Übels. Wie Augustin den Eros tötete, in: Klaus Hofmeister / Lothar Bauerochse (Hg.): Himmlische Lust. Religion und Sexualität – eine spannungsreiche Beziehung. München 2011, S. 69-83.

Christoph Quarch: Eros und Agape – Zwei grundverschiedene Welten oder zwei Seiten derselben Medaille?, in: Frank Vogelsang / Johannes von Lüpke (Hg.): Der Liebe auf die Spur kommen. Ein Phänomen im sozialen, religiösen und kulturellen Kontext, Bonn 2010, S. 55-78.

Christoph Quarch: Liebesnacht. Eine liturgische Feier im Geist der Mystik, in: Armin Beuscher (Hg.): Mit Liebe, Lust und Leidenschaft. Neue Ansätze für Sinnliche Gottesdienstformen, Gütersloh 2009, S. 59-73.

Christoph Quarch: Flirten mit Gott. Warum das Christentum eine erotische Spiritualität braucht – und wie sie aussehen könnte, in: Armin Beuscher (Hg.): Mit Liebe, Lust und Leidenschaft. Neue Ansätze für Sinnliche Gottesdienstformen, Gütersloh 2009, S. 74-96.

WEITERE SCHRIFTEN ZUR GLAUBENSREFORM IM GÜTERSLOHER VERLAGSHAUS

Klaus-Peter Jörns: Lässt Gott leiden?
(Band 1)

Hubertus Halbfas: Der Herr ist nicht im Himmel
Sprachstörungen in der Rede von Gott
(Band 2)

Wilhelm Gräb: Glaube aus freier Einsicht
Eine Theologie der Lebensdeutung
(Band 3)

Ella de Groot: Gott – Der Atem der Welt
(Band 4)

Bernhard Lang: Jesus, der Philosoph
(Band 5)

Matthias Kroeger: »Was bleiben will, muss sich ändern«
Zur Legitimität einer Reform in den Herzstücken des christlichen Glaubens
(Band 6)